大学 青春 人生

——北理工人的成长印迹（2016—2020）

主 编 王泰鹏

北京理工大学出版社
BEIJING INSTITUTE OF TECHNOLOGY PRESS

版权专有 侵权必究

图书在版编目(CIP)数据

大学 青春 人生：北理工人的成长印迹：2016—2020／王泰鹏主编. -- 北京：北京理工大学出版社，2021.8

ISBN 978-7-5763-0090-1

Ⅰ. ①大… Ⅱ. ①王… Ⅲ. ①高等学校-德育-中国-文集 Ⅳ. ①G641-53

中国版本图书馆 CIP 数据核字(2021)第 144171 号

出版发行 / 北京理工大学出版社有限责任公司	
社　　址 / 北京市海淀区中关村南大街 5 号	
邮　　编 / 100081	
电　　话 / (010) 68914775（总编室）	
(010) 82562903（教材售后服务热线）	
(010) 68944723（其他图书服务热线）	
网　　址 / http://www.bitpress.com.cn	
经　　销 / 全国各地新华书店	
印　　刷 / 三河市华骏印务包装有限公司	
开　　本 / 710 毫米 × 1000 毫米　1/16	
印　　张 / 13.75	责任编辑 / 申玉琴
字　　数 / 226 千字	文案编辑 / 申玉琴
版　　次 / 2021 年 8 月第 1 版　2021 年 8 月第 1 次印刷	责任校对 / 周瑞红
定　　价 / 52.00 元	责任印制 / 李志强

图书出现印装质量问题，请拨打售后服务热线，本社负责调换

编 委 会

主　　任：包丽颖
主　　编：王泰鹏
副 主 编：苟曼莉　周明宇　陆宝萍　李旭珊
执行主编：王晓静　贾秋阳　杨　菲　夏国萍
编　　委：张　忱　韩姗杉　孙　硕　盛　筠
　　　　　邓　岩　邓　方　奚英伦　王浩宇
　　　　　张　锋　郭惠芝　张　杨　王晶晶
　　　　　彭明雪　刘伟光　马晓龙　欧阳哲
　　　　　张梦雯　史建伟　李　晋

前 言

　　回首大学时光，思考青春岁月，书写人生愿景。每年开学第一天，迈入北京理工大学的新生都会收到一份特殊的礼物——《大学 青春 人生——北理工人的成长印迹》。从 2007 年起开始出版，这套书影响了几万名北理工学子。2020 年"大学 青春 人生"优秀学生事迹报告会成员、信息与电子学院毕业生王冠兴说道："大一报到时我收到了一本书，书的名字叫《大学 青春 人生》，书里记录的全是优秀的学长学姐们关于自己大学生活的心路历程。当时我被深深地触动了，我发现原来大学生活可以过得如此丰富多彩，我发现原来一个人为了心中的理想可以一往无前。现在这本书还放在我的书桌上，有时候我会拿来翻一翻，从那些优秀的学长学姐们身上寻找继续前进的动力。"

　　本书精选了 2020 届毕业生离校前写的部分德育答辩论文。每一篇文字都是大家成长过程中的真诚流露，或总结得失，或分享经历，或抒发情感，字里行间跃动的是一个个鲜活的生命。一届届优秀学子铭刻下了他们在北理工的成长印迹，也通过文字将他们的思想和情感一年年传递下去，形成了北理工特有的学生德育载体。

　　北京理工大学作为中国共产党创办的第一所理工

科大学，始终紧密围绕立德树人根本任务和人才培养中心工作，以培养"胸怀壮志、明德精工、创新包容、时代担当"的领军领导人才为己任，将思想政治教育贯穿教育教学全过程。德育答辩工作是学校德育体系的重要一环和特色工作，从2003年开始，每名本科毕业生在毕业前，都要回望自己四年的大学生活，写下思想成长轨迹，确立新的人生目标，与老师同学真诚交流，积蓄能量，踏上新的征程。2006年，学校制定了《北京理工大学关于在本科毕业生中开展德育答辩工作的实施意见》《北京理工大学本科生德育答辩工作实施办法》等指导性文件；2008年，学校在大一年级本科生中全面开展德育答辩论文开题工作；2009年，学校在大三年级本科生中全面开展德育中期检查工作；2013年起，学校全面实施"一年级工程"新生入学教育系列活动。

以德育答辩制度的三个关键环节为切入点，学校有针对性地开展深度辅导，帮助学生规划大学生活、树立理想信念、思考人生价值，引导学生通过总结反思进一步明确发展目标、厚植爱国主义情怀、培养爱国奋斗精神，不断加强品德修养、增长知识见识、增强综合素质，将个人发展与国家发展联系起来。在不断凝练时代内涵的同时，德育答辩逐步发展成为学生全面规划、实施、修正和总结个人发展，接受评价和指导的系统成长成才重要载体。

《大学 青春 人生》这本承载着一代代北理工人的独家记忆的德育答辩优秀论文集，将成为北理工人的精神标识，坚持不懈地传承下去。

编委会

目录

第一篇 领航志 /1

勤勉刻苦 敢为人先 /3
　　　　　　　　　　　　信息与电子学院　王冠兴
难忘的大学·奋斗的青春·精彩的人生 /8
　　　　　　　　　　　　外国语学院　史　铮
共克时艰，北理工学子有担当 /11
　　　　　　　　　　　　机电学院　寸　辉
　　　　　　　　　　　　自动化学院　黄　腾

第二篇 大学道 /15

北理色彩 /17
　　　　　　　　　　　　宇航学院　贺子轩
心之所向　素履以往
　　——记大学四年心路历程与感悟 /21
　　　　　　　　　　　　宇航学院　张　扬
回首大学时光，勇敢继续向前 /25
　　　　　　　　　　　　机电学院　刘秦昱
不负光阴不负卿 /29
　　　　　　　　　　　　机械与车辆学院　邹嘉宇
大学四年 /33
　　　　　　　　　　　　机械与车辆学院　王羽泽

"梦"里不知身是客，一晌贪欢 /39
　　　　　　　　　　光电学院　毛聿轩
包浆 /43
　　　　　　　　　　自动化学院　李　畅
北理工四年修行所得 /47
　　　　　　　　　　计算机学院　李燈杰
回眸大学岁月 /50
　　　　　　　　　　计算机学院　李安腾
且行且思，且思且行 /54
　　　　　　　　　　材料学院　杨　振
一路有"理"，闪闪有光 /58
　　　　　　　　　　材料学院　赵　琳
不断进取，迈向新阶段 /62
　　　　　　　　　　生命学院　刘心语
入海 /66
　　　　　　　　　　法学院　王嘉璇
我的大学四年 /70
　　　　　　　　　　外国语学院　袁欣悦

第三篇　青春行 /75

梦想时分 /77
　　　　　　　　　　宇航学院　季耘鹏
我在北理工的三门人生课 /82
　　　　　　　　　　宇航学院　张旭东
青春只有一次，请别辜负 /86
　　　　　　　　　　机械与车辆学院　薛博丰
追寻我的汽车梦 /90
　　　　　　　　　　机械与车辆学院　杨明烨
感悟成长 /94
　　　　　　　　　　信息与电子学院　王玮琪
博观而约取，厚积而薄发 /99
　　　　　　　　　　信息与电子学院　李德莹

风起绿洲吹浪去,雨从青野上山来 /103

信息与电子学院 林雨青

感悟以往,可追来者 /107

自动化学院 赵维鹏

以梦为马,行者无疆 /116

计算机学院 黄泽远

潜心求索,决意远方 /120

计算机学院 张沛炎

我的大学生活 /124

材料学院 马 越

心海梦寻 /128

数学与统计学院 孙福鹏

我在北理工的四年时光 /132

物理学院 李 健

第四篇 人生梦 /137

以终为始,不忘初心 /139

宇航学院 蔡一凡

云过天空,行思坐忆 /143

机电学院 邱泓程

我与我的大学时光 /148

机械与车辆学院 潘飞羽

从青春走向成熟 /152

机械与车辆学院 张 泽

我的北理情怀 /156

机械与车辆学院 邓若凡

柳逢可赠时 人适别离期 /160

光电学院 卞潇临

要看银山拍天浪,开窗放入大江来 /163

光电学院 黄 翼

冲 /166

自动化学院 肖 凡

我在北理工的感悟 /170
　　　　　　　　　　计算机学院　刘宇辉
这至多是开始的结束而非结束的开始 /173
　　　　　　　　　　计算机学院　李倩妤
站得更高，看得更远 /176
　　　　　　　　　　化学与化工学院　邓小蝶
如果此刻，我站在北理桥上 /181
　　　　　　　　　　人文与社会科学学院　解嘉高娃
学以致用，做更好的自己 /185
　　　　　　　　　　设计与艺术学院　陈婉馨
晓看天色暮看云 /192
　　　　　　　　　　徐特立学院　周星宇

第五篇　德学思 /197

可能我们或多或少都在经历着一些不如意，但是我们要坚信，一切都会好起来，待风雨过后，你一定会拥抱彩虹。正所谓"念念不忘，必有回响"。

第一篇 领航志

勤勉刻苦　敢为人先

信息与电子学院　王冠兴

各位2020级的学弟学妹们，我是信息与电子学院2016级本科生王冠兴，很荣幸，也很开心能够和大家分享我的四年本科生活。大家刚刚和自己的中学时代挥手道别，而我同样也转身挥别了四年本科生活；大家来到一个新的环境，即将开始新的生活，而我同样也要开始一条新的求学科研之路。我们都一样，和过去说"再见"，和未来说"你好"，面临着新的机遇和挑战。

蓦然回首，眼里尽是四年前自己踏入校园时的模样，大一报到时我收到了一本书，书的名字叫《大学　青春　人生》，书里记录的全是优秀的学长学姐们关于自己大学生活的心路历程。当时我被深深地触动了，我发现原来大学生活可以过得如此丰富多彩，我发现原来一个人为了心中的理想可以一往无前。现在这本书还放在我的书桌上，有时候我会拿来翻一翻，从那些优秀的学长学姐们身上寻找继续前进的动力。现在我有幸作为"大学　青春　人生"优秀学生事迹报告会的讲述人之一和大家分享我的大学经历，内心激动又忐忑。我想用"勤勉刻苦，敢为人先"作为我今天演讲的主题，希望我的分享能对初入大学校园的各位有所帮助，帮助大家度过丰富多彩、无怨无悔的大学生活。

勤勉于学业

首先，我想从我们都经历过的一件事——军训讲起。想必大家中学时代都经历过军训，同时也一定留下了难忘的回忆。

我认为军训是一件很有意义的事，它不仅让我很快地融入新的环境，更让我养成了良好的习惯，培养了我"敢为人先"的精神，为我之后的学习生活奠定了良好的基础。

至今我都对竞选排长的那晚记忆犹新。当时我站在台上，用几乎是吼出来的声音对着台下一群陌生的面孔坚定地说道："我一定会成为训练的标杆，我一定会带领三排成为最优秀的排！"后来我成功竞选上排长。有一句话叫"说出去的话，泼出去的水"，正所谓"开弓没有回头箭"，我要对自己说过的话、许下的承诺负责。于是，每次训练我都努力成为最刻苦的那一个。之后我如愿成为方队的领队，享受走在队伍最前列的荣耀，同时也承受高标准的压力。除了每次训练教官单独给我"开小灶"加练外，晚上回到宿舍后我也会进行踹腿和体能训练。为了找到乐点成功踏乐，每天我都会反反复复听《中国人民解放军进行曲》。功夫不负有心人，我们连队成为标兵连，我本人也成为军事训练优秀标兵。

军训培养了我"敢为人先"的精神，之所以和大家分享我的军训故事，是因为军训让我明白了一个道理：勤勉刻苦，敢为人先。军训时，我主动竞选了排长，正是由于这份主动，我更加刻苦地训练，并最终成为领队，获得了表彰。这份敢拼、敢争的精神延续到了军训结束后我的学习生活中。

直白地讲，我的大学的学习生活没有"逆袭"二字，因为我的学习成绩相对稳定。大一上学期我便如愿获得了一等人民奖学金，我将这份稳定延续到了大四下学期。毕业时，我总共获得了七次一等人民奖学金、一次华瑞世纪奖学金、一次三星奖学金，以及一次中科院优秀大学生奖学金。也许你会问，我是如何做到稳定成绩的。我会告诉你：敢存远志，敢为人先。

我想和大家分享我的一个学习故事。军训结束后，我给自己定下了新的目标：保研。现在想来大一上学期的课程还算轻松，但对于当时的我来说一点也不轻松。尤其是C语言这门课程。我从来不是什么天赋型选手，加之之前几乎没有接触过编程方面的知识，所以C语言这门课一上来就给了我一记重拳，加之工科数学分析和线性代数的存在，大一伊始，我就被这几门课程组成的组合拳打了一个措手不及。但是军训的经历告诉我，要"勤勉刻苦，敢为人先"。如果想要成为最优秀的那一个，就必须付出常人不曾付出的努力。于是，我搜集了大量的编程题并进行分类整理，之后按顺序一道一道练习。正序练一遍，倒序练一遍，打乱顺序再练一遍。如果你之后学习C语言这门课程，那么你一定会遇到"北理工的恶龙"这道编程题。我对这道题印象深刻，一是因为名字很有趣，二是因为我当时是在地铁上做出这道题的。

没错，我当时把一切可利用的时间都用上了。记得，当时考试周的时候，正好是元旦假期，我选择了在学校备战考试。早上8点到教室，中午吃个饭后在教室的桌子上趴着睡一会儿，下午继续学习，学累了出去跑步，边跑边听英语听力，晚上学到22点教室清人，睡觉前总归纳一天的学习内容。这样的生活持续了近两周，当时支持我的就是一个念头：敢为人先。

苦心人，天不负。我拿到了大学的第一个奖学金。当时我心中除了开心外，更多的是一种拼搏带来的充实感。于是在之后的学习生活中，我继续保持了大一养成的学习习惯。虽然之后学生工作和文体活动占据了我的部分时间，但是我并没有耽误学业。每次我都会在心中默念着"勤勉刻苦，敢为人先"，利用一切可利用的时间去学习。一切努力终会开花结果，我拿到了推免名额并如愿保研到了北京理工大学雷达技术研究所攻读博士学位，师从毛二可院士，向着自己的国防梦前进。

也许听到这里，你会问：学长，你的大学生活难道只有学习吗？

答案是NO。

精彩于生活

回顾自己的大学本科阶段，我从学生工作、社会实践和文体活动这三个方面收获了课本以外的知识，丰富了自我，度过了充实的四年时光。同时我想这三部分也是我的大学生活中除了学习外的主旋律。丰富的经历给了我更加成熟的思维方式和更加全面的大局意识。

这四年里，我积极投身学生工作中。无论是任党支部宣传委员，还是任团支书，我都以饱满的热情投身工作，并认真完成。

同时我还参与了社会实践和志愿服务。我在世界树志愿者协会先后担任了干事、部长和主席，在丰富自己志愿服务经历的同时，也锻炼了自己的组织领导能力。房山区儿童福利院、世园会志愿者、三次暑期支教等活动开阔了我的眼界，增长了我的见识，同时进一步加深了我对公益的理解。在大四的时候，我有幸成为2019级1940班的德育小导师，将自己大学期间的经历与感悟分享给学弟学妹们，帮助他们更好地成长。此外，房山区羊头岗完全小学棒球教练的兼职经历、广西开展精准扶贫的调研经历让我明白了何谓"纸上得来终觉浅，绝知此事要躬行"。

当然我的精彩不止于此！我是一个爱运动的人，这四年里我参加了各类体育赛事，校内的，如校运会、延河杯足球联赛，校外的，如北京市高校棒球比赛、马拉松等。这些活动潜移默化地影响了我，培养了我不抛弃、不放弃的意志品质和精诚合作的团队精神，帮助我更好地投身学习科研生活。

感悟于经历

听完我刚才说的那些经历你可能会认为：学长你的经历好丰富，而且我觉得你好像走得很顺，感觉你好像咬咬牙就成功了？答案还是 NO。

在我们的人生路上都免不了遇到挫折，你身边的每一个人都曾有过一段艰难的时光。在这里，我想再和大家分享我的一个故事。首先我想用李叔同先生在《晚晴集》中的一句话："念念不忘，必有回响"来总结这个故事。我非常喜欢这句话，因为我用自己的亲身经历实践了这句话。

我在大二的时候参加了校运会男子 4×400 米的接力赛，但是在交接棒的过程中我掉棒了，不仅与这个项目的金牌失之交臂，也间接导致我们失去了蝉联三年的男子团体冠军。当时特别难受，对任何事都提不起兴趣，闭上眼就是掉棒的场景。但是，我没有放弃自己。在大三的时候，我再次报名了同样的项目。这一次我在经过了一年的训练后，在身体和心理上都调整到了一个新的状态。这一次，我们拿下了接力赛男子团体冠军。我第一次明白了一句从小听到大的话："从哪里跌倒，从哪里爬起来。"这件事深深地影响了我在学业上对待困难的态度，我变得更加勇敢，更加坚强。因为我相信："念念不忘，必有回响。"所以你看，可能我们或多或少都在经历着一些不如意，但是我们要坚信，一切都会好起来，待风雨过后，你一定会拥抱彩虹。

展望于未来

最后，作为今天演讲的结语，我想和大家分享几句肺腑之言。我想，人生就是一场修行，大学本科阶段的这四年只不过是我们这条漫漫修行路的一个阶段。我们每个人都是在曲折中前进的，在这段曲折中，每一段经历都带给了我深深的体悟。学业上的经历教会了我坚持和踏实，学生工作的经历教会了我责任与担当，社会实践的经历带给了我新的眼界和沟通交流能力，文体活动的经历则在一点点地打磨着我的意志品质。而恰恰是这一段段经历赋予了我一种家国天下的情怀。

自中学时代我便坚持着一个梦想——国防梦。这四年，"延安根、军工魂"六个字潜移默化地影响着我，让我更加坚信自己的方向，同时也让我更加坚信自己现在做的一切都是在一步一步地接近自己的目标：现在的我被保研到了北京理工大学毛二可院士创新团队学习雷达技术方面的知识。

作为一名北理工人，同时作为一名未来的雷达领域的科研工作者，"国防"二字注定将与我息息相关。我国核潜艇之父黄旭华老先生的一句话一直深深地刻在我的心里，激励着我："此生，属于国家；此生，属于国防；此生，属于人民；此生，无怨无悔。"

最后，我想用八个字作为我今天演讲的结尾，这也是我今天演讲的主题：勤勉刻苦，敢为人先。希望大家能勤勉奋进，敢于拼搏，都能度过一个丰富多彩、无怨无悔的大学生活。同学们，祝愿你们在北理工学有所成，成为一名"担复兴大任"的时代新人！

难忘的大学·奋斗的青春·精彩的人生

外国语学院　史　铮

大家好，我叫史铮，是北京理工大学外国语学院2017级本科生。非常荣幸能够跟大家分享我大学生活的体会与收获。

岁月嬗递，光阴荏苒。四年时间说长也长，长到我从一个懵懵懂懂的大一新生，逐渐成长为一名信念坚定、理想清晰、目标明确的大学生；四年时间说短也短，短到昨天仿佛还在操场军训，喊着响亮的口号，席间围坐一圈，稚嫩地做着自我介绍……

回首在北理工的大学四年，一幕幕熟悉的场景，一幅幅感动的画面，汗水与欢笑交织，拼搏与坚持同频，记录着我"难忘的大学·奋斗的青春·精彩的人生"。今天，我从四年时光中选取"学生工作""社会实践""国庆华章""砥砺未来"四个方面来跟大家分享交流。

我的学生工作：责任始于担当

初入大学校门，为了锻炼自己的组织协调能力、抗压能力，提升自己的综合素质，军训伊始，我就毛遂自荐担当起班级的联络员，上传下达，为同学们准确报送各项信息，组织活动，帮同学们尽快熟悉起来。联络员的工作得到认可之后，我又被推举为班级团支书，收获了同班同学的信任。

习近平总书记说："有多大担当才能干多大事业，尽多大责任才会有多大成就。"大一学业压力本身就重，而我在担任班级团支书的同时，又加入院学生会。学业、班级事务、院学生会事务三重叠加，我经常是下了课就要奔赴活动场地开会，晚上熬夜写作业，周末几乎都在策划主题活动、筹备材料、布置场地。如果遇到考试周，我更是忙得有点喘不过气。"累并快乐着，忙乐且充实着"是我这两年学生工作的真实写照。同时，这一过程让我这个"小白"获得快速成长。我的抗压能力在不知不觉中获得了提升，我的组织协调能力也得到了认可。

古人云:"士不可以不弘毅,任重而道远。"非弘不能胜其重,非毅无以致其远。2020年7月,我竞选成为校学生会主席团成员,同时在学校党委的推荐下经过重重考核成为北京市学生联合会的执行主席。在2020年的全国学联二十七大上,我作为全国487名学生代表之一,在京西宾馆现场聆听习近平总书记的贺信。9月30日,在天安门广场敬献花篮仪式上,我又和团市委、学联的同志们一道完成了观礼群众的组织工作,一起致敬英勇的革命先烈。

正是因为坚守了服务同学的初心,我才能一步步走向更大的舞台。2020年7月,我开始了在团市委为期一年的驻会工作。作为全市青年工作的中枢,我在这里和团市委的老师们一起思考如何更好地服务93万首都大学生。

我的社会实践:信仰践于一线

刚刚入学时,怀着对党的向往,我在18岁生日刚过的时候递交了入党申请书,开始向党组织靠拢。共产主义既是一种科学信仰,也是一种社会实践。实现共产主义是中国共产党人的最高理想和最终目标,坚持和发展中国特色社会主义是中国共产党人坚定共产主义信仰的历史实践。因此,志愿加入中国共产党,要始终坚守信仰,筑牢信仰,更要践行信仰,坚决贯彻落实党的方针政策。

积极响应脱贫号召,走入扶贫一线。我多次跟随学院老师到北理工定点扶贫的山西省方山县(北理工方山暑期学校)和河南省兰考县考察调研。2020年上半年,在北理工方山暑期学校,我第一次对脱贫进行时的农村有了立体的了解。返校后,我主动参加学校的宣讲团,把党领导的脱贫故事讲给更多同学听,传递共建和谐的好声音和正能量。

积极响应抗疫号召,走在抗疫前线。2020年上半年,受疫情影响,我们没能按时在校园相会。在疫情防控最严峻的时期,我加入了社区防疫志愿者的队伍,站在了小区门口的抗疫先锋岗上,作为党员,作为北理工人,为战疫斗争贡献自己的一份力量。

后来抗疫形势渐渐好转,但国际上却出现了很多刺耳的声音。我借助学校平台,录制了青年战疫微团课,发出青年声音,帮助同学们坚定制度自信。疫情给毕业季蒙上阴影,同学们的行李滞留学校,我参与组织了"暖心毕业寄"行动,帮助毕业生打包行李,也参与组织了云上毕业晚会,给这一届毕业生留下难忘的毕业回忆。

我的国庆华章：梦想成于奋斗

习近平总书记说："新时代是'时代新人'追逐梦想的时代，要成为最好的自己，就必须努力奋斗。""追梦需要激情和理想，圆梦需要奋斗和奉献。广大青年应该在奋斗中释放青春激情、追逐青春理想……"要成为最好的自己，就必须努力奋斗。在这里，我想跟大家分享一下我的国庆华章——梦想成于奋斗。

2019年国庆，我和3 498名北理工人一起组成了盛大的国庆群众游行方队。我的位置为首排首路，是离电视转播镜头最近的一个。整个方阵3 499人，共71排，57列。第1排最显眼，也最难走。只有达到很高的要求才有机会站第一排。训练刚开始，我就在心里定下了目标——我一定要站第1排。我凭着争强好胜的心，凭着学生骨干的责任担当，每天都加时间自己训练，揣摩如何把步子走准。功夫不负有心人，我如愿以偿。国庆节那天，我们看到了天安门城楼上挥手致意的习近平总书记。

国庆活动结束后，我参加了国庆任务座谈会，会上张军校长给我颁发了"时代新人"宣讲团的聘书。我随首都教育系统宣讲团去湖南讲述北理工的国庆故事，分享我们的自豪和喜悦。当台下几千名观众向我们鼓掌致意时，我因自己能作为一个国家盛典的亲历者，能够在更大的舞台上展现首都青年的活力和担当感到无比骄傲。

我的未来：砥砺正前行

回望大学的前三年，我认为责任与担当给了我动力，信仰给了我方向，实践给我了真知，奋斗实现了梦想。明年我就要到西部去，到祖国需要的地方开始为期一年的支教。我也希望能用自己的经历和同学们共勉，敢于担当，勇于作为，与党和国家同频共振，践行共产主义信仰，这样我们才会成长得更好、更快。

同学们，大学应当是难忘的，青春应当是奋斗的，人生应当是精彩的。我相信，在北理工的四年，你们一定能在奋斗中，在与祖国的同频共振中，收获更好的自己！

共克时艰，北理工学子有担当

机电学院　寸　辉
自动化学院　黄　腾

亲爱的同学们：

大家好！

我是机电学院的寸辉，很高兴能和自动化学院2018级博士研究生黄腾一起向2020级"萌新们"分享北理工学子的抗疫故事。

2020年伊始，那场突如其来的新冠肺炎疫情，相信每位同学都不会忘记。病毒突袭而至、来势汹汹，各省市自治区相继启动公共卫生一级响应。我们每个人都感受到了生命安全和身体健康的威胁。面对突如其来的严重疫情，中国人民风雨同舟、众志成城，构筑起疫情防控的坚固防线。北理工学生党员也把投身疫情防控一线作为践行初心使命、体现责任担当的试金石和磨刀石，齐心协力、共克时艰。我和黄腾同学，就在他们之中。

还记得2020年的除夕，我和父母在老家过年，大年初一早上八点钟，急促的电话铃响了起来，我妈妈在医院负责感染防控工作，她接到了县卫健局的电话，要求下午两点参加国家卫健委紧急召开的电视电话会议。来不及和亲戚道别，我们一家匆匆忙忙踏上了回家的路程。

大年初二晚上，我爸爸作为扶贫驻村第一书记，因为布置开展堵卡、消杀等防疫工作，没有回家；我妈妈，因为处置医院出现的一名从武汉返回且有发热症状的高度疑似病例，没有回家。谁都没想到，这一天分别后，再和父母见面竟是近一个月之后了。就在那个晚上，我真切地感受到父亲作为基层党员冲在脱贫攻坚和疫情防控第一线的决心和母亲作为医务人员治病救人的医者仁心。我爸爸作为单位派驻勤劳村的第一书记，驻村开展脱贫攻坚工作已经两年多，为勤劳村引进奶水牛养殖技术、开展爱国卫生运动、打造展示文化墙，顺利带领勤劳村脱贫。我想，自己的父母已经在疫情防控一线奋力工作，作为北理工学子，特别还是学生党支部书记，我也要为疫情防控阻击战做出自己的努力。

2020年2月14日，在回到家满14天之后，我第一时间报名参加抗疫志愿服务。得知我要离家参加志愿服务的时候，一直连续高强度在一线工作了十多天的父母却犹豫了，他们担心我在工作中会接触到高危人员，担心任务多、工作累。我宽慰他们："你们已经那么优秀了，作为孩子我自然不能太差！"我说服了父母，毅然来到了云南省大理州鹤庆县红十字会，协助抗疫工作。

每天接收爱心人士、企业的捐款捐物，统计、整理数量巨大的捐赠物资，到医院和乡镇村委会发放抗疫物资，成为我的日常工作。受赠的物资有超市捐赠的矿泉水、牛奶、方便面，有面包店老板用停店前最后一点存货专门为医护人员烤制的美味面包，还有爱心企业费尽周折从国外带回的数十万个医用口罩。

有一笔特殊的捐款，我现在回想起来还是非常感动。2月19日下午，一个9岁的小女孩牵着爸爸的手，一蹦一跳地走进红十字会办公楼。那个小女孩在新闻上看到新冠肺炎疫情报道后，决定将自己积攒多年的1 126元压岁钱全部捐出。尽管家庭条件并不是很好，平时家里只能靠爸爸打零工维持生活，但是她也想用自己的方式、尽自己所能为疫情防控工作助力。为此，我们在红十字会办公楼前举办了一个特殊的捐赠仪式，接收这位年龄最小捐赠者的善款。一位在农村长大、家里并不富裕的小学生竟然有如此强的社会责任心和爱国之情，深深激励着我要把抗疫志愿者工作做好，在特殊时期为国家、为社会做出自己的贡献。

分发抗疫物资是我的主要工作之一。有一天，我们的车队在弯弯曲曲的山路上行驶了五十分钟之后，来到了勤劳村——我爸爸驻村工作的地方。虽然距离堵卡点还有些距离，但我还是一眼就找到了脊背已经略微弯曲的爸爸。见面时，他急忙把撒石灰用的手套脱了，在自己衣服上使劲擦了擦手，然后抱住了我这个已经大半月没见到的孩子。来不及和爸爸有更多的交流，我又得出发继续工作，临走时，爸爸拉着我的手说："工作别太累了，一定要戴好口罩保护好自己，等疫情控制下来我就能回家看你们母子俩了。"短短几句话，让我泪崩了。父亲作为一名共产党员，冲在人民最需要的地方，为脱贫工作殚精竭虑，为疫情防控起早贪黑。千万医务人员、部队官兵、社区工作者、下沉干部、志愿者一直奋战在抗疫一线，我一定要学习中国人民伟大的抗疫精神，发挥党员模范带头作用。

大家好，我是自动化学院的黄腾，接下来，我想和大家分享一下我自己和身边党员同志们抗击疫情的故事。

我是一名博士生，大年初二我就返回实验室完成科研。完成任务之后，疫情也到了最为严峻的时候，为了不给社会添麻烦，我放弃和家人团聚，留守学校。

疫情刚开始的时候，家人朋友都很担心我，觉得我一个人在学校，连个说话的人都没有，万一出了事情没有人帮衬，纷纷劝我找机会马上回家。本来经历过"非典"的我是一点都不担心的，但是被问得多了，再加上媒体上有关疫情的报道，我渐渐地感到不安。我悄悄囤了两箱泡面，二十多桶矿泉水。而事实上，学校在抗击疫情中的种种举措，证明我的担心是多余的。在校门外，保安24小时坚守，严格检查出入人员的身份信息与健康状况；食堂管理也很严格，不仅要求进出的师生佩戴口罩，相互保持距离，将食物打包带走，还在出入口设置关卡，测量体温，配备专门的医护人员，应对突发情况；校园内，有许多辛勤劳动的后勤人员，定期对校园环境进行消毒，更别提每天准时为我测量体温的宿舍楼管，以及每周准时发放口罩的学工部老师；学校各部门人员都在坚守着岗位，用自己的方式默默地守卫全校师生的安全。

在留校的日子里，在疫情攻坚的关键时刻，自动化学院党委成立了留校生抗疫临时党支部，我被选举为支部书记，带领支部党员同志积极参与院校两级疫情防控的志愿服务工作。

为了保证在学校隔离点的同学每天吃上热腾腾的饭菜，我们把"小黄车"用作每日的交通工具，以"无接触外卖"的方式，让刚出锅的饭菜七分钟内到达隔离点同学们的寝室门口，并且每天记录隔离点同学们的伙食，确保营养的均衡。此外，我们还根据同学们的需求，帮助同学们采买卫生纸、矿泉水等生活物资，累计配送伙食、物资等42人次，保障了同学们在自行隔离期间的饮食和生活。

"停课不停学"，但同学们很多物品都落在了学校，影响到了学习。为了满足同学们在家对于学习资料的需求，我们克服了疫情防控期间快递公司不接单、运输慢等难题，帮助同学们寄送单片机、电脑、身份证、录取通知书、成绩单等物品80余件。此外，支部党员们平时也走进宿舍，和在校同学聊天谈心，配送防疫物资，发放慰问品；组织同学们一起进行劳动节除草、毕业生行李打包等各项活动。党支部志愿服务时长超过240小时。

作为支部书记，我结合防疫形势，开展线上主题党日活动，以"学徐老爱国精神，做时代合格党员"为题，录制了"书记在线"微党课，分享了徐特立先生在革命低潮时，冒着生命危险入党的故事，号召党员同志，越是在关键时期，越要经受住考验，鼓舞了士气，凝聚了人心。我还有幸受共青团中央的邀请，担任第24届"中国青年五四奖章"的评委，在疫情期间顺利完成了评审任务。在评审结束后，我将中国杰出青年科技工作者的先锋事迹同支部党员分享，号召支部的党员同志们在科研上锐意进取、顽强拼搏，引发了支部成员向五四奖章获得者学习的热潮！

疫情期间，同学们在家上网课，有很多同学很想念校园的生活，于是我便给大家发"福利"，以"疫情大考下的青年担当"为题，录制青年战疫微团课，一方面和同学们分享青年志愿者"大连"的故事，激励同学们，即使在家，也可以结合自己所学的专业知识，为社区防疫积极贡献自己的力量，另一方面，在校训石、孔子像等校园标志景观取景，以解同学们对校园的相思之苦。

回顾疫情期间长达八个月的留校生活，我清楚地认识到，我所做的工作只是一些小事，是防疫工作中最为微小的环节。真正保障师生安全，作为我们一切行动坚强后盾的，是科学的防疫体系、完备的防疫制度和中国特色社会主义制度的优越性。但其实也正是这些小事，让我忙碌起来，支撑我度过这段人生最为特殊的时光。我很感谢这段时光，因为我收获了太多的温暖，同时它也教会了我如何感恩、如何团结、如何担当，如何尽己所能的去回馈社会，从而同广大青年一道获得人生真正意义上的成长。

面对突如其来的新冠肺炎疫情，北理工学生党员树立起一面面鲜红的旗帜，他们把投身防控疫情一线作为践行初心使命、体现责任担当的试金石和磨刀石，齐心协力、众志成城、共克时艰。

同学们，初心耀耀，党徽闪亮，使命昭昭，党旗飘扬！北京理工大学砥砺奋进八十年，面向"双一流"建设，培养坚定可靠的青年马克思主义者，培养担当民族复兴大任的时代新人，更需要建设一支彰显新时代昂扬风貌的学生党员队伍，带领广大北理工学子为实现中华民族伟大复兴贡献磅礴的青春力量，努力成长为"胸怀壮志，明德精工，创新包容，时代担当"的领军领导人才。

同学们，祝愿你们在北理工学有所成，成为一名"担复兴大任"的时代新人。

滑熟可喜，幽光沉静，告诉人们这件东西有了年纪，显露出一种温存的旧气。那恰恰是与新器刺目的锋芒、浮躁的色调、干涩的肌理相对照的。

四轮春秋，冷暖得失都已沁润在这皮壳，细细端倪总勾起记忆中的什么东西，轻微的伤感笼罩，一阵激荡后，坦然平静。

第二篇 大学道

北理色彩

宇航学院　贺子轩

毕业,就像一个大大的句号,从此,我们告别了一段纯真的青春、一段年少轻狂的岁月、一个充满幻想的时代……

2020年的毕业季来得悄无声息。毕业前的这些日子,时间看起来漫长,却无时无刻不在逝去;想挽留,一伸手,有限的时光却在指间悄然溜走。很多人没来得及说"再见",或许再也不见。回想四年来的点点滴滴,一幕幕的场景串成一部即将谢幕的电影,播放着我们的快乐和忧伤,记录着我们的青春和过往。

橙

如果每一个阶段赋予一种颜色,那么,大一的生活是橙色的。太多新事物迫不及待地充斥着生活,新鲜而灿烂,热情而紧张。

还记得初来学院报到的那天,学长带着我一路走完流程,送我到静园B-131寝室,他就匆匆离开了,水都没来得及喝,这是我第一次体会到北理工的热情。报到当天,整理好宿舍,送别了父母,便开启了第一次独自生活的大学旅程。

记得听新生宣讲时,自己被种类繁多的学生组织和部门搞得有些糊涂,但最终凭着自己对运动的热爱,报了院学生会体育部。现在看来,那时的选择是最正确不过的了。准备面试时,我相当紧张,从没有面试的经历,表达能力也是短板。于是,我早早准备好自我介绍,并列出了几个可能被问到的问题,每天一有空就会排练一遍。面试当天的正规程度超出了我的想象,看着身穿正装的学长学姐,我的紧张感愈发强烈,一遍一遍的深呼吸,安慰自己。面试过程还算顺利,至今仍记得收到录取确认短信时,那迎面而来的幸福和成就感。

再然后，就是第一次开例会，和体育部的所有小伙伴们见面，大家互相认识，建立属于我们的群。真正和大家熟悉起来，还是在策划举办比赛的时候。第一次举办活动，紧张又兴奋，我们分好组，每个人各司其职，在部长的带领下，体育部成功举办了宇航学院新生篮球赛。体育部的活动很多，除了负责举办学院体育赛事，还要负责每年校运动会代表学院参赛运动员的选拔。大一的下半学期就在"宇航风云"系列赛和校运会的忙碌中，充实而意义非凡地度过了。对我来说，最难忘的是校运会当天被突然通知女子3 000米长跑缺人，作为体育部为数不多的女生，我只能硬着头皮上。从来没参加过运动会，更别说是长跑了，内心十分恐惧。但是不知哪来的勇气，觉得自己可以。比赛的过程中，看到了大家在跑道两旁为自己加油，这种感觉真的好奇妙，那个时刻突然觉得没有什么是完不成的，也在心里默默为自己加油打气。冲过终点，记忆里大家在鼓掌，我呼吸急促，身体甚至有些难受，但当时的我真的特别开心，为挑战了自己而激动，也为遇到了这么多温暖的人而感到幸福。

橙色的十八岁，许多个第一次，一切都是未知而富有挑战的。

绿

大二的时候，生活是绿色的。青春拔节生长，旺盛得像正在生长的树，梦想也一点点接近现实。

向来慢热的我，在经历了一年的适应期后，渐渐习惯了良乡的大学生活，也逐渐找到了适合自己的学习方法。大二刚开学时，得知自己得到了优秀学生一等奖学金，觉得不可思议，但同时又觉得自己的努力是值得的。于是大二的我更加认真，不过没多久，就遇到了大学四年的挂科危机——理论力学。虽然早就听学长学姐们讲过，这门课程难度系数高，挂科率极高，但我一直以为那只是不够努力，没有好好学而已。直到自己真的经历了一学期的课程，才体会到它的难。每次作业只有两道题，但解一道题就得花费一个小时以上，高中物理本来就差的我，慢慢地陷入焦虑之中。好像自己永远想不到解题的点，好像我总与正确的思路背道而驰。因此，最后的考试，我格外重视。考试周，我每天都会做几道题，书上的例题、作业题、历年考试题，都会一丝不苟地完成。然而那次考试，还是给了我重重一击。考场上，看起来很简单的题，我就是怎么也做不出来，最后只好把知道的得分点胡乱地写一通……交了卷之后，我处于焦虑和恐惧中，想很快知道成绩，又怕知道成绩。最后，我的成绩惊险过线了，但每每回想起来，总是心有余悸。如果当时就差一点，那么后面的故事应该就换了结局。

大二这一年，课表安排得格外满。很多时候，中午下课就得抢着去食堂吃饭，吃完饭又得回到下午上课的教室。困的时候在桌子上趴着小憩一会，便是最大的幸福。这一年，得益于同学们的支持和共同努力，我获评"优秀学生干部""优秀团干部"，团支部被评为"优秀团支部"。这些荣誉是对我工作的最大鼓励。

努力汲取养分，扎稳根基，不断提升、不断成长。

蓝

大三的时候，生活变成了蓝色。搬到中关村以后，似乎被周围环境所感染，我们冷静了下来，明白自己离未来究竟有多远，并要为此做出选择：是出国、考研，还是工作？

我因为成绩不稳定，决定在暑期开始准备考研。查了各种资料，如何规划时间、如何选辅导书、心态如何调整……由于自己的惰性以及内心总对保研有一丝期待，计划一直被耽搁，直到大三下学期开学，我才慢慢找到了学习状态，才开始真正的复习计划。当时每天的课程不多，不上课的时候便在宇航楼学习，听数学课、做练习题、背英语单词、做阅读。身边的同学也大多数决定考研，大家都在为自己的未来努力奋斗。不知不觉中我们都长大了，不再是当初那个什么都不懂的高中生了。

这一年，我度过了预备期，成为一名正式的共产党员。我为自己由衷地高兴，同时我也意识到身上所肩负的责任和使命。预备期的一年来，我不断加强学习，对党组织的认识更加充分，对党的方针政策理解也更加深刻，逐渐明白了共产党人的责任与使命。同时，作为团支书，也对自己的本职工作理解得更为透彻，尽心尽力将每次的团组织活动举办好。我以共产党员的标准严格要求自己，向优秀的共产党员前辈学习、看齐。我对自己说，要一直努力，继续加油。

紫

大四的生活，是紫色的。大家在各种选择里彷徨，每个人都忙忙碌碌。大学生活仿佛一首没写完的诗，匆匆开始，匆匆告别。

大四上半学期我获得了研究生推免资格。一切没有定数之前，我紧张又彷徨，似乎等这个结果等了很久，又似乎是它一直在等着我，等着鼓起勇气接纳，接纳三年来所有的努力。

后来，班里的大多数同学都开始了认认真真的考研复习，平时爱打闹的、喜欢打游戏的，不论以前是什么状态，都开始了"宿舍—教学楼—图书馆—食堂"的规律生活。考研，成为大四上半学期大家的共同回忆。

寒假突发的新冠肺炎疫情，造成了全国停工停产，所有人居家，减少外出，也迫使大家无法按期返校。起初，大家期盼着疫情好转，可以回到学校进行毕业设计，渐渐地，似乎所有人都接受了无法返校的事实，开始在家着手毕业设计。这最后的半学期，我是既焦虑又慌张的。寒假本就该早早进入毕业设计的状态，查阅文献、编写程序。但被意外状况搁浅，直到春节前一天，我才能回到家安顿下来。接着便是突如其来的疫情。一系列的事情发生得太突然，我当时的心情乱到极点，完全不能平静进入学习状态，一心寄希望于回学校再做毕业设计。但由于防控疫情需要，各高校延迟开学，我也不得不认真着手进行毕业设计。从最开始不适应家里的学习环境，到后来无路可退，这中间的心路历程只有自己才懂。不过，也正是这次毕业设计，让我在某些方面得到了成长。很感谢那段日子导师和朋友们的帮助。有时候，我觉得自己很幸运，一路走来，遇到很多良师益友。一个人很渺小，但有了大家的帮助，一个人也可以很强大。

尽管最后有很多遗憾，但我相信一切都是最好的安排。不说再见，没有道别，似乎放了一个漫长的寒假，将四年的记忆储藏在心里那片最纯粹的天地，那是属于我们的校园时代，是一段终生难忘的经历，一种割舍不掉的友情，一份弥足珍贵的回忆。

心之所向 素履以往
——记大学四年心路历程与感悟

宇航学院 张 扬

白驹过隙间,我们来到了毕业的岔路口。四年的回忆翻涌,奔流到最后的此刻,我庆幸自己心中充满了向前的希望。值此德育终期之际,我回顾了自己一路走来的心路历程,回忆了大学生活中那些重要的时刻给自己带来的感悟,希望自己能够在新的起点总结过往,勇敢奔向未来。

匆忙与迷茫

仍然记得四年前那个夏天,我在父母的陪同下前往良乡校区注册报到。看到美丽的校园,看到热情的老师和学长,我对未来充满了憧憬。本以为一天只是报到和整理宿舍,当时我连本地电话卡都没来得及办理。没想到当天晚上就要开始军训队列训练,军训相关的通知也是好心的舍友传达给我的,父母只能和我匆匆告别,我的大学生活就在这样的措手不及中渐渐拉开帷幕。

最初开始学习课程的时候,我带着高中学习的劲头与惯性思维,每节课都抢前排的座位,认真地记录老师讲授的每一个知识点,总是在每节课之后找一个空教室及时地完成作业。当时每天匆匆穿梭于南北校区,自认为自己学得挺扎实,可在学院组织了一次不计入实际成绩的测验之后,我傻眼了,看似熟悉的知识点对应的题目,我却怎么也解不出。更让我怀疑自己的是,别的同学大都取得了不错的成绩。尽管做好了天外有天的心理准备,但焦虑感还是在我体内疯狂滋长。在与他人不断比较的过程中,我日渐自卑。现在回想起来,越发觉得充满自信是一个人最好的状态。因为自卑,我总觉得低人一等。尽管从小就喜欢航模,却不敢去参加航模队面试,甚至去图书馆借了书后都不敢在馆内的自习区学习,总觉得那里都是优秀的同学,自己不应该和他们一起。那时的我错失了许多机会。

当时的不适应感不仅仅来自学业或者与他人的比较，还来自生活。不同于高中的校园住宿生活，现在的同学来自五湖四海。一方水土养一方人，大家有着迥然不同的生活理念，体现在不同的处事方法、不同的作息和饮食习惯等，就像是把有着不同棱角的多面体放到同一个盒子里，必然需要一个熟悉磨合的过程。而工科的学子多是不善沟通交流的，尽管参加了各种班级活动或是学生组织与社团，但我没有真正融入进去。久而久之，我慢慢陷入孤独、焦虑、自我封闭的恶性循环。

于是"迷茫"两字渐渐从耳机中的流行歌词变成了我每天校园生活的真切感受。那时的迷茫，有对未来专业、未来科研道路的不明确，有不知道怎么消除这种不适感的困惑。我也曾试图积极面对，但几次尝试，总是感觉得不到他人的回应，于是我久久陷入这种负面情绪之中。

耕耘与友谊

为了彻底摆脱焦虑而迷茫的生活，我沉下心来反思。我要求自己的学校生活有规律且不会后悔，即学习作息要有规律，对待每一件事都要尽可能做到最好。大二大三两年来，我一直都在反思自己的不足并积极寻求改进。无论专业课还是选修课，我都尽自己的全力去学习；我主动向身边成绩优异的同学请教学习方法；为了战胜自己的自卑，我报名参加了社会实践活动，包括学院的学生工作、假期的社会实践以及各个学期的志愿服务等。如果把我的努力比作庄稼种植耕耘的过程，我的状态比作种子的生长，那么在经历了破土期的困惑与艰难后，种子渐渐长出了枝芽。

担任宇航学院学生会文艺部部长的那些日子是我大学生活中不可磨灭的回忆，它不仅培养了我的组织、交际能力，更让我结交到一群真正意义上的朋友。学生会主要负责举办开展各类文体活动，而文艺部承担了其中的各类大型晚会。从新生开学的九月，到迎接新年的十二月，我和文艺部的两名副部长作为负责人，策划举办了新生许愿活动、军训慰问演出活动、新生迎新晚会、学院深秋歌会以及学院师生元旦晚会。在三个月的时间里筹办五场文艺活动，工作量之大难以述说。大家一起付出的汗水与心血，凝结出最纯真质朴的友谊。我仍然记得最后一场元旦晚会结束后，我们瘫坐在舞台上，望着空空的观众席和待收拾的物资，说不出一句话，只觉得再大的困难好像也不过这样。如今再听到歌曲中常常唱起的"青葱岁月"，浮现在我脑海的一定是学生会那一帮部长们为了活动的圆满努力拼搏的模样。

由于自己本身喜欢音乐，另一个让我怀念的地方就是学生服务中心二楼的"悦音"音乐社团教室。在结束学生会部长的旅程后，学习上逐渐探索到了适合自己的方法，生活也更有规律，我变得更加自信。每天课程结束后，我都会在教室自习到晚上十点，而后常常会去社团教室里玩一玩各种乐器。在夜深人静的时候，取一把吉他，弹奏一首曲子，是我当时一天中最放松的时刻。在这里常常也会遇到许多兴趣相同的朋友：有的想要学习一种乐器，每晚来这里练习；有的在准备表演，每晚在这里排练；有的也和我一样，到这里暂时放下一天的繁忙，享受舒缓的释放。相互交流间，抑或一唱一和间，虽然大家来自不同的学院，但快速成了朋友。也是因为这样的经历，我们常常会相互邀请参加各自学院的文艺活动，彼此间留下了美好的回忆。时至今日我仍会想起那些朋友，那种因为相同兴趣而产生的友情，就像那时每晚走回宿舍道路上的月光，淡淡的却感觉温暖。

还有那些篮球场上的兄弟们，周末抱上篮球，敲一敲宿舍门吆喝一声，大家便会换好衣服冲到球场。虽然不在同一个班级，课堂中接触不多，但在球场上每个人都像是最要好的兄弟。为了各自队伍的胜利，拼得满身汗水淋漓时，却发现忘了带矿泉水，于是大家只能共分一瓶饮，对我而言，这就是青春中最欢畅的时刻。现在想起时才明白，友谊并不是共同生活长久了就能产生的，而是大家朝着一个目标挥洒汗水、拼搏奋斗的时候悄悄绽放的。

收获与展望

大三、大四对我而言是奋斗的阶段，更是收获的阶段。相比刚入学时的焦虑与迷茫，我已经找到了最适合的学习生活方式，整个人更加开朗、自信，敢于积极主动地抓住机遇。

在课程学习或是小组项目中，我敢于提出自己不一样的想法，敢于与身边优秀的同学进行讨论与学习。同时，我逐渐习惯并享受图书馆良好的学习氛围，常常去图书馆的自习区学习。我的成绩也在不断提高，在大四上学期排到了班级的前列。在大三学年的一次班级讲座中，一家校外公司提供了一个实习名额，在班级同学都低头默不作声的时候，尽管学校外面的世界充满了未知，我还是勇敢地举起了手。于是在接下来的学期以及暑假中，我利用课余时间参与了校外公司的实习。在这段日子里，我体验了所谓朝九晚五的生活，每天都得乘单程四十多分钟的公交车去公司实习，中午和同事们一起到写字楼下的就餐处吃饭，这算是我第一次完全投身社会的体验。我看到了那些北漂青年难掩的才华，虽然他们居住在几平方米的出租屋内。生活虽然艰辛，但青春的壮丽在不畏艰辛的奋斗中蓬勃生花。青年人要学习真本领，要敢于吃苦、敢于奋斗，要担负起时代的大任，是我校外实习期间最大的感受。

考研结束后，我本着自己对航天器的兴趣尝试着联系了宇航学院的祁瑞老师，幸运的是祁老师接受了我，并让我参与了空间碎片绳网捕获的相关研究。对我而言，这是一个新的起点。之前，我对航天器只有一个模糊的兴趣，但通过毕业设计，逐渐了解到空间碎片严峻的形势与绳网捕获技术的种种优势。在祁老师的指导下，我对绳网捕获空间碎片的拖曳过程建立了动力学模型。在全心投入研究的过程中，那模糊的兴趣逐渐变得明确而浓烈，我编写的程序也用于上海航天八院的实际清除任务。能够为祖国航天事业献上自己的一份力，我感到欣喜而自豪。乔布斯曾说："你要寻得所爱。"我很庆幸自己在本科阶段的末尾找到了自己可以为之奋斗的方向。习近平总书记说："广大科技工作者要把论文写在祖国的大地上，把科技成果应用在实现现代化的伟大事业中。"此刻的我已经瞄准了目标，将来定要为我国的空间碎片清除事业贡献自己的青春与汗水！

行文至此，几多感慨唏嘘，回望我四年的成长历程，不禁感叹时代的伟大，繁荣昌盛的祖国为我们的成长创建了良好的环境，母校北京理工大学又为我们提供了自由的平台，让我们得以充分地探索自己的科研方向。站在毕业的分岔路口，由衷地感谢祖国和母校。同时站在新的起点上，作为一名硕士研究生，我将继续对空间碎片绳网捕获方向的研究。我相信，心之所向，素履可往，只要脚踏实地，努力奋斗，终能用汗水写就自己人生的华丽篇章，终能为祖国的航天事业献出自己的力量！

回首大学时光，勇敢继续向前

机电学院　刘秦昱

在开始动笔写这篇文章之前，我都没有真正意识到我"毕业生"的身份，我都没有意识到，原来我的大学生活真的就要结束了。这一学期异常忙碌，我想每个人都一样，每天都忙于各种各样的事情。当我开始抽出时间，把自己从这一刻的忙碌抽离出来，细细回想大学四年时，我才看到这四年的成长，才意识到我所拥有的这四年是多么珍贵的一段时光。

起点·良乡

良乡校区地铁站旁边的摆渡车站，是一切的起点。我至今仍记得一个人拉着行李箱站在摆渡车站时有多兴奋。当初我跟家人坚持要自己去学校，就是为了让自己开始习惯独立的生活。去学校之前，我做足了攻略，一脸自信地站在了摆渡车站前，同年的新生怯怯地问："学姐，这里是去北理的摆渡车站吗？"那个时候的我充满了激情和希望，对北理工一直以来的仰慕以及终于变成一名北理工人让我获得了极大的满足感。

但是在良乡的两年，迷茫成为我生活的常态。那段时间，我时常陷入一种莫名其妙的情绪中。现在想想，大概是刚刚离开熟悉的朋友圈、生活圈，面对新生活的不适症状吧。虽然学习和生活一切照旧，但总觉得失去了方向感，也失去了成就感。不知道未来在哪里，总认为自己做得还不够，自己应该做得更好，可又不知从何下手。

幸运的是，即使感到迷茫与不知所措，我还是尽力跟上所有的课程学习，尽力参与班级活动，在课程学习与实践活动上不懈努力。班服班徽设计大赛、雄安新区社会调研、数字化设计大赛，以及各种志愿者活动，这些都是我在大一、大二最珍贵的经历。也正是因为这些，我开始从初期的低落中走出来，慢慢成长，开始能够面对更大的挑战。后来，生活慢慢步入正轨，我开始享受大学生活，开始探索北京这个城市，开始习惯于良乡的生活，徐特立图书馆的楼顶成了我最喜欢的地方，白天的时候我会去那里读书，夏天的晚上也经常去那里吹吹夏夜的凉风，那是在良乡最惬意的日子。

前进·中关村

大三之前的暑假，我印象深刻。大二的最后一个考试周结束之后到搬往中关村校区之前的那段时间是整个大学时期最轻松的一段时间。我们需要做的事情非常简单，就是收拾好行李，等待搬家。我们搬往中关村以后，一番全新的生活开始了。

大三，我开始有了毕业以后出国深造的想法，于是这一年成了我整个大学最自律的一年。我改掉了睡懒觉的坏习惯，大部分时间6点半就起床，不管有没有课都会去自习室或图书馆学英语，或者准备专业课的考试。早晨吃完早饭从新食堂去往图书馆的路和下课以后从三号楼穿过中心花园去往八号楼的路，成了我这一年最常走的一条路。大三是我们课业最重的一年，但正是这种方向感，让我坚持自律，我在这一年做了很多事情。在课业之外，我多修了两门课，取得了英语学习的巨大进步，同时申请到了大四的境外交换学习机会，还利用课外时间有了一份科学教师的工作经历。这些经历都带给了我非常美好的回忆。

这一年是我大学四年中最快乐、最充实的一年，也是我最怀念的一年。这一年虽然忙忙碌碌，但是是非常有方向感的忙碌，也是有成就感的忙碌。每隔一段时间我都能真真切切地看到自己做成了什么事情，达成了什么目标，所有的事情也都是有条不紊地进行，丝毫没有慌乱与焦虑。这种对自己生活的掌控感，让我觉得非常安心、非常踏实，我想这就是我最怀念这一年的原因吧。

旅途·布拉格

相比之前的三年，大四是我成长最快的一年。在这一年，我来到了一个童话一样美丽的城市——布拉格交换学习。这是我第一次在境外学习生活，一年的交换生经历从各方面都给了我极大的历练。

初来之时，我对这样一个文化氛围完全不一样的城市充满了新奇感。学校给国际学生组织了非常多丰富的活动，在这些活动中每天都会认识很多很有趣的朋友，接触新的事物，这段生活的开始同样充满了热情。但除了这些活动与玩乐，在布拉格的学习经历也给我狠狠地上了一课。开始的时候，我以为在布拉格的学习会比较轻松，因为毕竟大四需要修的学分比之前任何一个学期都要少，但事实上，在布拉格学习的难度远高于国内。在我开始布拉格的学习生活之前，我认为语言问题将会是最大的难点，但是我没有想到，真正的难点是巨大的学习任务。捷克理工的课程给学生的学习任务非常大。开学刚刚一个月，我就开始了每天与作业和考试的斗争。每门课的课程与实践部分都有单独的作业、学期大项目与考试，每门课每周的作业至少要花费7个小时以上的时间去完成，有时甚至需要十个小时以上，更别提还要时常准备课堂考试；如果平时的这些任务不能完成的话，就无法取得最终考试的资格，因此每天只能靠牺牲睡眠时间来完成这些任务。令我记忆犹新的是，2020年新年前夕，由于临近大作业提交和考试周，我和同学一起在图书馆赶作业从早上到晚上十一点，然后匆匆赶去布拉格广场，完成了新年倒数后又回去继续复习。在这样紧张的学习节奏中，我不仅成功完成了所有课程的学习，还独立完成了硕士学习申请。这样的负荷量虽然给了我很大的压力，也压缩了休息娱乐时间，但同时让我感到了学习的成就感。我慢慢习惯了这样的学习方式，也极大地提高了我对压力的免疫力。

布拉格旅途的后半程，本该是课程比较轻松，可以逐渐放松身心的时候，但没有想到的是，就在春节前的几天，新冠疫情暴发了。从初期国内疫情暴发时，我就开始了极度焦虑的状态。打开新闻看不到一条好消息，每天都是急速增长的感染人数，让我备感无助，家人和亲友都在疫情下小心翼翼地生活让我非常难受。好不容易等到国内疫情好转时，欧洲的疫情又不受控制地暴发了，这段时间我一直处于居家隔离的状态，独立处理疫情带给我的各种各样的问题。我的真实感受就是，我从没有感觉到这么累过。这段时间，由于我遇到了各种各样棘手的问题，我变得焦虑与不安，情绪总是不在一个积极的状态，生活规律紊乱，连睡眠也出现了问题，但好在最后事情都一件一件解决了。这个时期是对我挑战非常大的一段时间，但是我也在这段时间中获得了成长。

终点·未来

我在北理工的大学生活于良乡开始，于布拉格结束。因为一场突如其来的疫情，我和同学们都没有办法回到北京，回到中关村校区，穿上学士服去完成一场普通的毕业典礼，没办法进行一次普通的毕业聚会，我甚至没办法在毕业之际回家拥抱我的父母。这些每一个毕业季都平凡不过的事情，对于我们这一届毕业生来说遥不可及。但这些困难并不会影响我们顺利走过这一阶段的结点。我们这一年的毕业非常不平凡，我想这是大学给我们的最后一个磨炼与成长。

　　这四年即将画上句号。在本科阶段即将结束的时候，我收到了代尔夫特理工大学的录取通知。我深刻地明白，如果没有这四年的学习与成长，我不可能拿到这一张一流学府的入场券。从我有限的生活经验里，我明白，在成长的过程中，每一个阶段一定是递进的、越来越具有挑战性的，未来两年的硕士生学习生活将是更加艰巨的挑战。但是我想，经历了本科四年的成长与历练，我已经准备好，在不远的未来迎接一切都充满未知的新生活。

不负光阴不负卿

机械与车辆学院 邹嘉宇

大学四年,恍然间如白驹过隙,等我回过神来时,却发现自己已经毕业了。这四年对我而言,是一个成长的过程、历练的过程,因为我知道,未来还有更大的挑战在等待着我。回顾整个大学,我想把它分成四个部分——初来乍到、日渐熟悉、游刃有余和不散筵席,来讲述我的成长历程。四年里有悲有喜,有苦有甜。总的来说,我的大学四年可以说是无怨无悔。

初来乍到

(一) 离别父母

我的家乡位于江西的一个小县城,虽然初高中离开了老家到市重点中学就读,但爸妈几乎每周都会到市里看我,与父母如此频繁的接触让我一点都没有离开家的感觉。而这次,是离家两千公里,不是说想回家就能随便回家的。2016年来学校报到的时候,我的爸妈都来送我,他们说也想体验一下大学生活。其实我心里清楚,他们是放不下我。他们来北京待了四天,第五天就走了。离京前一天晚上我们绕着北理工走了好多遍,等到最后要说再见的时候,我强忍着泪水,但转身之后已泣不成声。直到放假回家的时候,妈妈才告诉我,爸爸在回程火车上一直在抽泣,说想儿子了,我鼻子一酸,原来伟岸高大的父亲也有这么温柔的一面。送别爸妈,军训马上就开始了,高强度的军训生活让我们几乎没有时间去想家。军训过后,不知怎的,一点都不恋家了,仿佛就这样瞬间和大学生活接轨。

(二) 课程学习

大一刚来的时候,是每个人最谨慎的时间,因为大家都不清楚大学的考试和高中有什么不一样,是否像高中一样学习就足以应对大学的生活。所有的一切在心里都是个问号,自己所能做的,就是不浪费每一分钟,抓紧一切时间学习,遇到不懂的问题就和同学讨论。就这样,也没有怎么去挖掘更好的学习方法,就想着千万别浪费时间而导致挂科,最后的结果还算令人欣慰,我获得了人民奖学金。之前,总认为大学是一个高手云集的地方,我只能达到中等水平,不足以拿到奖学金,在获得第一次奖学金后,我暗暗地告诉自己:"I can do it!"

大一上学期的一天,听学德语的室友说学院有去德国交流的项目,当时心里一动,我这么热爱汽车,要是能到德国这个汽车制造业顶尖的国家深造,该是多么幸运的一件事啊!紧接着我联系了负责德语教学的老师,但遗憾的是,老师说我只能从下学期开始学德语了。我不甘心,报名优优德语培训,但需要每个星期奔赴中关村,而且每周两次,每次都是乘地铁一个多小时去上课,上课到晚上八九点结束,然后再坐地铁回校。尽管辛苦,我还是没有一丝抱怨地度过了一个学期没有周末的生活。

日渐熟悉

(一) 广泛交友

大一的时候,感觉圈子很窄,虽然经常会有串门活动和社团活动,但来来回回还是那些人,而且仿佛沿袭了高中的腼腆,就算是同一个行政班的同学,也没有过多的交集。大二刚开始,也许是课程难度突然提升的原因,我开始广泛地和同学们讨论问题,甚至课间听到其他班的同学在讨论问题,都会凑过去一起参与讨论。一块回寝室的时候,才发现原来大家都是一个楼层的。在盥洗室洗衣服的时候,听到别人哼起自己喜欢的歌,也会跟着应和一下,并一起讨论歌手唱歌的特点。就这样,经历了整个大二上学期,我朋友圈里的北京理工大学同学超过了一百位,在路上相遇彼此也会很亲切地打招呼,我融入了这个圈子。

(二) 冲刺德语

大二下学期,专业课是最繁重的,恰好也是德语学习的最后阶段——DSH冲刺。这个阶段,德语的学习难度最大,又最花时间,这对我而言,无疑是一个挑战。我始终相信"时间就像海绵里的水挤挤总会有的"。我对时间进行了精细化管理。周末下午是德语课,早上绝不睡懒觉,而是用来复习这个星期专业课学到的知识,查漏补缺,因为我知道,已经没有时间给我去浪费了!最后结局也是值得欣慰的,我通过了德语考试,专业课成绩也是我整个大学生涯最好的。

游刃有余

(一) 中关村生活

大三了,我们搬到了北京理工大学中关村校区进行更专业化的学习。中关村的生活一方面意味着更深入的学习,另一方面也意味着更大的诱惑,因为中关村校区地处市中心,周边设施丰富,给同学们的课余生活带来了极大的便利。但我深知,我的赴德梦还没有实现,只有坚持下去才有希望,所以我不能松懈。我仍然把学习放在首要位置,不仅专注专业课程学习,同时不放松德语学习。大三的课程不再是基础课程,而是深入的专业课程,专业课程的学习注重理解深度及原理应用。大三,我的生活既充实又游刃有余。

(二) 成立学习小组

在大二时,我就与班长、杨同学一起自习;大三时,我们专门建立了一个QQ群,方便相互告知学习地点。因为一个人学习需要很强的自制力,但如果大家一起学习,就会被学习气氛浸染。尤其是考试周的时候,当我感觉累了想回寝室的时候,看看另外两人还在学习,就会在短暂的休息后再投入学习中。我们相伴度过了大三繁重的学习生活。

不散筵席

(一) 何去何从

大三暑假的时候,一直在保研和出国之间纠结。想出国是因为大一的那份初衷,一直心心念念有个德国梦,想着去世界上工业领先的国家去拓宽自己的视野;想保研是因为自己的成绩达到了保研的要求,有机会在国内的名校继续深造,少了后顾之忧。在一番纠结之后,我最终选择了出国。因为我来自一个小县城,我希望去外面的世界看看,开拓一下眼界,或许会有一个对自己的重新认识。

(二) 未来，你好

天下没有不散的筵席。大四的毕业如期而至，虽然因为疫情影响，2020年毕业典礼显得与众不同，但我们与任何一届毕业生一样奔赴四方。

最后，我特别感谢遇见了北理工，在北理工的一点一滴、一草一木，都将终生难忘。感谢北理工的老师和辅导员，你们不但教会了我知识，还教给了我做人的道理、为人处世的准则；感谢室友们，我们朝夕相处，其间的欢声笑语，每一次聚餐庆生，我都将难以忘怀；感谢在北理工结识的朋友们，是你们让我感觉到家的温暖，我会记得我们一直是一个集体，能动三班将会是我终身的烙印。我还要感谢我的父母，你们虽然不在我身边，但我每次迷茫的时候，一想到你们，都会带来巨大的动力。

记得大一的时候曾写给未来的自己一封信，不知道那封信是否安在。如果我再次读起，我一定会感激一路努力的自己！愿未来不负光阴不负卿，归来我们仍少年！

大学四年

机械与车辆学院　王羽泽

回望四年的时光,在收获的过程中伴随着失去,在奔跑的过程不免跌倒。站在毕业的岔路口,一切已成过往,我很自豪,因为我无悔于岁月。对于未来,我十分期待,愿自己能有更多的突破与所得。

大学·路

(一) 大一的梦想

也许像大多数人一样,初入大学的我,有着太多的期待,所有的一切都令我感到好奇与憧憬。步入校园,最初应该是迷茫,在听了太多场讲座与学长学姐的故事后,对自己的未来有了大体的规划。但内心还是犹豫的,毕竟在最开始就决定未来四年的走向,好像不太符合我的风格。不过我总爱给自己制订计划,好像一切都应井井有条的样子。

1. 学习德语的日子

在假期的时候,我就了解到学校有德语课程,也规划了学习德语然后出国留学的路,于是我决定学习德语,大四去德国交流。每个周末,我都要抽出一天的时间去上德语课,而且是8个小时的课程学习。甚至有的时候,需要拿出足足两天的时间学习。

人们总说万事开头难,但我觉得开头是最令人兴奋的。我在纸上分出四个区域,把紧急且重要的事情放在第一位,重要但不紧急的事情放在第二位,紧急但不重要的事情放在第三位,而不紧急也不重要的事情放在第四位。大一的时候,我把学习德语放在了第一位。在每天宿舍熄灯后,我都会打开自己的充电台灯学习。现在回想起这些,我都有点儿不相信曾经那个努力的自己。

德语的学习被安排在周末，但是大学的各种活动也会在周末举行，每当因为德语而失去参加活动的机会时，我总会异常失落。慢慢地，我发现这不是我想要的生活。我逐渐意识到，我是一个不喜欢一成不变的人，能多去参加活动，多和他人交流才是我真正想要的。我开始觉得学习德语是一件很无聊的事情，当然我也知道这是每一段语言学习都会遇到的坎，但我有时真的难以忍受。最终，我开始思考是否要继续这段学习。

2. 初入院学生会外联部

如果说大一的时候，什么令我最开心，那恐怕就是在外联部的时光了。在大一没有太多选择的情况下，最令我憧憬的应该就是学院的学生会了。最终，我也没有让自己失望，进入了我最喜欢的部门——外联部。

在外联部的日子，我接触到了许多优秀的同学，事实证明，在后来的日子中，他们也帮了我很多。作为一名干事，我开始试着去组织讲座、去拉赞助，我还参加了策划大赛并取得了第一名。可以说，我在外联部体会到了我梦想中的大学生活。即便是现在回想起来，那段日子也是足以让我嘴角上扬的时光。

（二）大二的转变

1. 在院学生会主席团

至少在大二的时候，我还是非常执着于学生会的工作的。作为院学生会的常务副主席，我需要关注大大小小的各种活动，为新生军训的慰问活动拉赞助，协助举办深秋歌会、运动会、毕业晚会等多项大型活动……每天我都非常忙碌，关注着各种活动的进度，甚至在课上也要回很多微信。大二上学期的时候，总觉得上课不听没关系，经常在课上做一些活动的策划。但事实证明，这严重影响了我的学习成绩，可以说大二上学期我的成绩一落千丈，这也为我后续的抉择埋下了伏笔。

到了大二下学期，我逐渐意识到了自己的问题，开始关注落下的学习。我告诉自己在课上就要认真听课，所有与学习无关的事情都在课下解决。这个决定对我影响蛮大的，我的成绩又稳住了。通过大二的这次教训，我也学会了如何平衡自己的学习与课余活动，这也使我在之后的学习生活中，学会了如何规划自己的时间。

2. 初入车队

机缘巧合下，我加入了北京理工大学方程式赛车队。作为暑期实习生的我，在加入车队后，就痴迷地喜欢上了车队的一切。也正是因为车队，我决定放弃德语的学习,因为我想将大学剩下的时间都投入车队中去。

如果说平时学的是理论,那么在车队进行的就是实践。我逐渐学会了使用角磨机、电钻等工具,同时学会了复合材料成型的工艺。渐渐地,我学会了许多工程建模软件及仿真软件,这为我后续的科研工作打下了基础。我很庆幸可以进入车队,可以说这是改变我整个大学生活的决定。现在回想起来,我真的感谢在车队的经历,在车队我成长了许多,得到了许多。

(三) 大三的忙碌

1. 赛车梦

对我来说,大三是忙碌的,同时也是艰难的。课业的压力与车队的工作压在我的身上,让我的每一天都过得相当充实。学长完成了所有设计工作后,为留学申请做着各种准备,于是所有制造工作全部由我一个人来负责。我几乎把所有的课余时间都投入了车队中,每天面对着进度的压力,夜里经常难以入眠。我第一次感觉到前所未有的压力,好在之前在时间分配上有了些经验,我的学习没有下降太多。

也正是这段时间,我思考了何谓赛车梦。我们总是在进展顺利时,开玩笑说要有赛车梦。但在实际面对各种困境时,我们又不断地质问自己,这一切究竟是否值得。其实,当时的我并没有想明白这个问题,但我一直坚信我所做的一切都是值得的。事实证明,我所有的努力都是有意义的,我突破了自己,我变得更加优秀。

2. 一个艰难的抉择

大三下学期的时候,我的成绩要想保研还需努力,我需要更加刻苦学习,提升自己的成绩。但车队需要备战日本赛,所有工作都需要提前,作为车身组的组长,我更要提前制作好单体壳车身。我面临着大学四年中最重要,也是最艰难的抉择,是拼一拼争取保研,还是坚持自己的赛车梦。我曾问过自己,如果因为我没有造出一辆好车,我是否会后悔。这个答案对于我自己来说,再明确不过了。最终,我选择抛下一切,全身心投入车队的工作中。

大学四年中最辛苦的一段要数大三下学期的生活。车身的制造需要连续的工作时间,不能有间断。所以那段时间,我一边应付着考试,一边制造车身,经常需要熬夜工作,在车队简单睡一会儿又要起来上课。我无法忘记当车身成功脱模的那一刻,我切身体会到了"如释重负"的感觉,心中也是无比的激动。现在回想起来,我觉得那是属于我的"高光时刻"。

（四）大四的救赎

1. 考研

由于把大量的时间投入了车队中，我最后没能成功保研。虽然我知道，没能保研还是自己实力不足，但内心还是有些不甘心。我曾经犹豫过，是否要选择考研这条看起来最困难的道路，也许我可以尝试保资或选择出国。在与学长一番攀谈后，我决定选择考研。当你犹豫的时候，就选择一条最难的道路，肯定没错。我坚信精诚所至、金石为开，我相信以我的能力，一定可以成功考上研究生。

很感谢与我一同努力的同学，我们每天一起在图书馆学习、相互鼓励、共同进步。说来也很巧，考研所需要学习的内容，正是我当时没有好好学的知识。这也许是最好的安排，仿佛我在走一条自我救赎的道路，去弥补我曾遗漏的知识。还好结果令人满意，最终我也"成功上岸"了。

2. 毕业设计

如果说在大四上学期结束后，还有什么遗憾的话，就是没能在车队奋战到最后。庆幸的是，毕业设计给了我一个机会，让我可以再为车队做些贡献。我的毕业设计题目选择了在车队的研究内容，这使我可以在老师的专业指导下，整理并完善在车队期间的所有工作。

我非常感谢导师允许我定下这个题目，并在之后的研究中悉心指导我。我可以明确地感觉到，在很多地方我们做得都不够好，还有很多欠缺。在毕业设计中，导师总能指出所有模棱两可的地方，并教导我用专业的知识去解决问题。通过不懈的努力，我最终完成了毕业设计，并得到了优秀的成绩。

大学·悟

（一）责任

1. 作为班长

在学校的生活中，我有很多身份，班长就是其中之一。我在大学基本上做了四年的班长，但我总是不愿谈起我是一个班长，因为我总觉得自己做得还不够多。由于不是在学生会就是在车队，我真正为班级做的事情并不多，但我绝对保质保量地完成了学校或学院布置的任务。我感到愧疚的，是我没有花较多的时间与同学交流，那些平时在车队或学生会经常遇见的同学，我们互相了解，而对于那些没有太多交集的同学，我们的聊天可能仅仅停留在收集各种材料的提醒中。我没有组织太多的班级活动，但好在所在专业有很多实习，而且许多活动都是与专业的另一个班级共同组织的，所以我们的班级凝聚力也是比较强的。我其实也很少主动组织班会，但好在班主任非常负责，经常委托我去组织各种关心同学的班会，如就业规划的班会。好在我对自己的组织能力有一定的信心，每次的班会都很成功。毕业后，我也自然而然成为班级联系人，我希望自己能继续为大家服务，做好班级服务工作。

2. 作为院学生会主席

在学生会的经历很奇妙，最开始是因为兴趣，后来变为热爱，到最后成为一种情怀。最终促使我留在学生会的，可能真的只是身边的那群人。大学的前两年，我对学生会的工作富有激情，我总想挑战一下自己，看自己究竟能做到什么程度。后来，随着学业压力的增大，学生活动也逐渐变少了。慢慢的，学生会的工作变成辅助学院的工作，留给主席团自由发挥的空间也少了许多。我对学生会工作的看法有了转变，我没有了当时的一腔热忱，但我依然做着本职的工作。我非常感谢学生会的这段经历，我收获了珍贵的友谊，这份友谊是无价的。

3. 作为车队车身组的组长

我是一个非常懒惰的人，我对自己不喜欢的东西，不会很上心。我又是一个很有责任感的人，我不会为了自己而过分努力，但我会为了一个集体想要把自己变得更强，车队就是这样的一个集体。我加入车队的几年，车队的成绩都不是很好。看着自己辛苦一年造出来的赛车，最后却没有达到大家预想的目标，多少都会令人失望。更何况是连着两年没有取得好成绩，说实话很难让人再坚持下去。也许这就是赛车梦吧！一天又一天，一年又一年，我们为了赛车梦而努力，即便最后结果不尽如人意，只能笑一笑说是去追梦。但其实我非常感激这段经历，我获得了知识，收获了友谊。这是我大学四年的骄傲，是昙花一现的灿烂，是一团耀眼的火焰。作为组长，我也找到了最合适的接班人，同时，我也为车队做出了我自认为还不错的贡献，这一切都是值得的。

（二）看法

1. 关于学习

我曾经疑惑过，不知道平时学习的东西有什么用，不清楚学的东西在实际中如何体现。在车队的工作改变了我的看法，让我看到了平时所学的价值。微积分、线性代数穿插在所有知识中，机械制图、加工工艺在零件制造中得以体现，有限元理论、力学基础在仿真优化的原理中非常重要，所有我曾忽略的理论知识，都扮演着至关重要的角色。能用和好用是不同的概念，而正是那些曾被我忽视的理论基础，决定了所设计零件的上限与下限。加入车队后，我上课的状态也有了变化，我开始去思考我的所学能否在车队中得以应用。我惊讶地发现，很多知识都能在车队的工作中得以体现，而这种联系也激发着我的学习兴趣，让我更加专注于日常的学习。最后，我很庆幸自己找到了一种适合的学习状态，这种状态也将继续助力我学习更多的知识。

2. 关于生活

我看了很多书籍或影视作品，对人生的探讨充满兴趣。初入大学，我只是对未来充满憧憬，想要实现自我的价值。后来，我开始对所谓的价值有所思考。有的时候，我们总会感叹，人的一生多么短暂，与千万年的时间相比，简直如白驹过隙，难道人生真的毫无价值吗？我认为不是的，在历史的长河中，正是看似渺小的人类，建立起了文明，正是因为人性的光辉，照亮了世界，使人类如同巨人一般的存在。我很喜欢《神秘博士》这部英剧，对于一个活了上千年的时间领主来说，人类在他面前依旧伟大。对于生活，如果说以前的我是积极乐观的，那么现在的我应该是既温暖又有激情的，相比于前者，我觉得现在的我，更能理解得失，更能珍惜当下。

总结与展望

回首四年的生活，如果你问我最初的目标是否实现，我会说有的没实现，有的实现了。但如果你问我大学四年的生活是否满意，我会说非常满意。遗憾固然是有的，但我现在的收获足以弥补所有的遗憾。

四年的时光，我是班长，也是学生会主席，还是车队车身组组长。我曾有过留学的想法，但最终因为我所喜爱的事物而放弃了。我收获了珍贵的友谊，结识了志同道合的朋友。我拥有了难忘的经历，在学生会的温暖与在车队的激情。学习上，我虽然保研失败，但我无怨无悔，甚至我非常喜欢这个决定，最终我成功考研。我认识了一位负责任的班主任，他指导了我的课程设计与毕业设计，同时，我也会跟他继续读研深造。

很荣幸，我还可以在北京理工大学继续学习，在机械与车辆学院继续深造。感谢本科四年，感谢所有的经历。

"梦"里不知身是客，一晌贪欢

光电学院　毛聿轩

匆匆向前走的时光，从来不会因为谁而停下脚步，正因为如此，美好的事物才如此珍贵。我所经历的这四年，恐怕是人生中最为美好的时光吧。借着年少轻狂，我们选择意气风发，挥斥方遒，挥笔写下浓墨重彩的青春，一晌贪欢，殊不知，刹那间，酒也无，灯亦灭，只剩下无尽的回味。

大一：锋芒毕露

刚经历高考的洗礼，虽未取得理想的成绩，但类比古人的"中举"一说，进入到"985大学"进行学习实为喜事一桩。在这里我会遇见什么呢？我能遇见理想吗？能实现抱负吗？能遇见志同道合的好友吗？能碰到一生挚爱吗？这些在当时都未可知。

"倘若你知道你人生的剧本，不知你是否还会有勇气前来。"

刚进入大一的我对一切都充满了兴趣。尚在军训之时，我便耐心观察周身的一切。偌大的校园规划，对称的南北校区，宏伟的图书馆，丰富的学生服务中心，这一切让我欣喜。进入到班级之后，各种各样性格的人慢慢涌现：豁达爽朗的"黑龙江"，拘谨沉闷的"沈阳"，憨态可掬的"九江"，文学功力深厚的"云南"，温柔善良的"伊犁"……更强的能力，更鲜明的个性，当这一切碰撞到一起时，会是怎样的火花呢？同时让我神往的还有学生会和各种社团活动。校学生会、音乐社团、足球俱乐部，这就是我梦想的大学生活吗？这就是我所希冀的一切吗？

既非神人，往后的事情，便要亲历才知。

刚入大学的我可以说是铆足了劲，好似打破了封印，对一切都跃跃欲试。学业自不必说，力争上游是学生的本分；辩论赛言辞犀利，深秋歌会歌喉出彩，就连篮球比赛也要跨行加入，甚至还能够进球。好像这世界就是我的，没有一件事不想要崭露头角。

大一的我，大概是最快乐，最纯真，最有野心，也最认真的。我十分怀念我原先的班级，那个老G带领的、团结一致、奋发向上、具有凝聚力的地方。在那里，我有一种家的感觉。所有人都在努力各尽其职，学习委员努力为大家找资料，出试卷；生活委员和同学们访谈，确保同学们的心理健康；班长和团支书积极组织班级活动，增强了大家的凝聚力，丰富同学们的生活。

不得不说，我很幸运！我还记得大一有一次发高烧，在床上几乎就要脱水了，多亏了寝室和班内小伙伴的照顾，才不至于造成严重的后果；过生日的时候，大家一起吃着蛋糕，唱着歌，享受着这短暂、仅仅属于我们的时光。

如梦境般美好。

大二：聚沙成塔

相比于大一的生活，大二有明显的升级。首先是课程难度上升了，大一的课程还是十分基础的，到了大二，专业课开始涌现，还带有一些较难的中阶数学。与这个相反的，大家的学习热情有所下滑，可能是在大学摸爬滚打了一年后，掌握了一些规律，发现其实不用怎么复习也能获得好的结果。这样就很矛盾了，一边是课程难度的上升，一边则是学习热情的下降。

丰富的生活过得多了就会感到累，而大家的目标和能力本就不一致，又面临专业分流的压力，明显能感觉到大家开始散开了。而当时的我并不能理解。其实很多需要挽回和费力维持的东西，可能本就走不到一起，志同道合的人总归是少数。

分班那一阵给我的打击是不小的，似乎好不容易找到的家的感觉突然间流失了；校学生会那边因为换届的问题，原本熟识的人也逐渐消失不见了，而我也因为个人伤势和球队失去了联系。这一切看似身不由己，我却在内心深处怪着些什么，似乎是有人能够改变却没有去做，未曾想，其实这是注定的啊。

后来的日子，新班级到来后，我把重心放在了学业上，每节课都认真听讲，追求极致的学习环境，不断对自己提高要求。我告诉自己，多余的柔情会阻碍我成为一个更优秀的人。时不我待，为什么不趁着年轻多学习一些东西呢？作为新班级的学习委员，我告诉自己要能为同学解惑，要勇于和老师沟通和交流，虽然并没有取得十分优异的成绩，但在这个特殊的时期，我对自己的了解更加深入了，也摸索到了一些方法。

寒假的时候，我参加了数模比赛。数模比赛考查学生的建模分析能力，这对我来说是不小的挑战。在多次磨合后，我们最终取得了 M 奖，算是圆了我的愿望。社会实践方面，我以家乡的传统工艺为切入点，和几个朋友一起做了较为深入的对比分析，在校内也获得了一定的荣誉。

能力不是一天养成的，却是靠着一点一滴的积累培养起来的，聚沙成塔。

大三：初入师门

来到中关村后，宿舍换了个遍，学习环境也变得不一样了。新宿舍的三人对自己的规划已经完全超过了我的预想，给我的压力不小。但宿舍四人的友情也远远超过了我的预期，一个温暖的新家逐渐搭建了起来。

大三，我进入了实验室学习。这一阶段的成长可谓是飞速。同学们的学术水平和人文情怀都给我了很大的帮助，而在项目中的点点滴滴的收获，以及攒出来的深厚友谊，我相信会是我受益终生的财富。

由于加入了"卓越工程师计划"，大三之后的专业实习变得多了起来。先是天津 8358 厂"蒋妈"的弟子所在的实验室，后是"烟花三月下扬州"，常军老师的朋友所在的中国兵器。在实践中学习到的东西是不一样的。将理论和实践相结合，这样的学习机会是不多的，我感谢这两位老师，感恩这些给予我们实习机会的单位。

我加入了 SK sunny 的志愿者服务组织，将希望当志愿者的梦想落了地。在这里，我遇见了不少可爱的人。这是我生命中浓墨重彩的一笔。

说到实验室工作，就还不得不提"老板"。"老板"是个很有想法的女生，有一定的领导能力和抱负，也算是我大学伊始少数有误解但最后成为好朋友的人。多亏了"老板"的帮助和提携，我才得以加入他们的项目，其实我做的贡献并不多，但是这个项目给我带来不少荣誉和友情。从小小的"世纪杯"，到最后的"大创"年会，项目组的各位是我这个阶段成长中的重要人物。

大四：新象伊始

由于没有考研的压力，我的重心自然就落在了实验室。说是如此，其实也没有很多的工作。由于感情上的事情，我耽误了很多时间，不得不说，这是我必须要注意的事情。

　　紧接着就是在洛阳的专业实习了。专业实习是在空空导弹研究所展开的，在这里我们学习了很多课程，但其实这次出行也给大家留下了很深的印象，因为这应该是全年第一次，也是唯一一次一起出行的机会。

　　寒假之后，留给我们的半年时间就是毕业设计。我的毕业设计是和 ANU 合作的项目，在这里我遇到了 Robert，一个学识丰富、极具人文情怀的老师。在他的悉心指导和帮助下，我模拟了用于检测引力波的干涉仪的一处设计。要知道引力波可是 21 世纪最重要的发现之一，这对我来说，既是机遇也是挑战。在三个月的时间里，我们每周见一次，Robert 在理论指导、文章撰写等方面都给了我巨大的帮助。同时也对校内指导老师，黄院长，还有"高班"的支持非常感恩。我今后一定要更加努力，对科研一直保持着热情和初心。

结 束 语

　　时间实在是过得太快了！昨日在街上遇到了我的高中老师，仿佛时间就在几年前，而一眨眼就到了数年后。匆匆而逝的时光，记录着我们的青春年少，记录着这美好的一切。与之相应的，是父母的老去，是社会渐渐需要交给我们的社会责任。我在大二的时候成为预备党员，深感祖国赋予我们的责任。七尺男儿，当抛头颅、洒热血，报效祖国，实现复兴重任，方不负走一遭。祖国的未来，在你，在我。

包　浆

自动化学院　李　畅

  滑熟可喜，幽光沉静，告诉人们这件东西有了年纪，显露出一种温存的旧气。那恰恰是与新器刺目的锋芒、浮躁的色调、干涩的肌理相对照的。

  四轮春秋，冷暖得失都已沁润在这皮壳，细细端倪总勾起记忆中的什么东西，轻微的伤感笼罩，一阵激荡后，坦然平静。

挂瓷

  开始总是温柔地摩挲，慢慢擦亮，想要发光。

  回想大一，仿佛有了些宿命的味道，开始选择原谅自己的妥协退却，而这份退却竟贯穿了整个四年，成为自己的一块残伤。当然，这是回头看，定不能再现当时的心境，但可以从当时的文字中窥见一斑。初时，正如小时候得到新文具的心情，珍惜它的新鲜，舍不得用掉这几年的时光。感觉大学学习变得自由，生活变得多彩，遇到人生最美的时光，应该把学习作为主基调，定下几个目标——加入中国共产党、保研或者考研、在学生组织工作一段时间、提高综测成绩，专业成绩靠前、做一次大学生创新创业……做好了四年的目标，很有朝气，又有些保守，不敢放手去做，生怕走岔路、做错事，错过"精彩"。慢慢的，新生活的激情消退，生活变得温吞起来，课上有时迷迷糊糊，作业偶尔应付推脱，空闲喜欢窝在宿舍。其实大一的生活也按照"标准答案"做了一些尝试，加入书画社，自己学篆刻，加入共学会，参加了公益活动……

  然而这些尝试最终变成：书画社总是不去，没有基础的我很难融入进去；篆刻很费时间，只是玩耍而已；共学会例会也会抵触；公益活动也寥寥几次。没有奋力的想做想成，最后都成了敷衍，它失去了本应有的光芒。

上色

慢慢地氧化！一段时间后你会发现，色泽正悄悄地发生变化。

大一的温吞反倒刺激了大二的棱角分明。要想精彩，就要竭尽全力。要想精彩，就需要取舍。面对大一危险的成绩，我收起自己的好奇心，克制自己不做杂事。成绩进步了一些，共学会的工作上心了一些，科创比赛参加了一些，保研的危机感让我明确了一条简单的线。当我为空闲时间找事情干时，我发现专心做事，时间过得很快。我希望可以做好手头的每件事。

润滑

表面平滑，不会划手，也不会开裂，润滑得像包上了一层油脂。

大三的一年，我一次次告诫自己：这是新的开始，来大干一番吧！可强大的惯性还是让我走向另一面油腻。刚开始，投机取巧不时出来光顾一番，后来就成了一种常态。没有 deadline（最后期限）就没有动力，除了做事拖沓，更多时候是对投机的绥靖。等最后一刻自己自然会大放光彩，只不过是自欺欺人的安慰剂。现实无情告诉我：刀放久了会生锈，弓放久了会变松，人放久了会迟钝，世上根本没有不劳而获的成功。我的激情就在自我的麻醉与失望中消失殆尽。怠惰一点点吞噬着我：窝在宿舍刷着动漫，不断重复着"不干也没事啦！""晚点也没事啦！""推给别人吧！""不会是我的"……诸如此类的话。堕落是不知不觉的，贪恋着安逸的床铺、追逐着影视剧情、更换着外卖店家……我迷失了自己，忘却了自己。

通透

逐渐变为透明，由内而外晶莹剔透；质感细腻，对光端详，可以看到所有的肌理。

细细看来，密密麻麻、层层叠叠的日子，写满了最初目标、拖沓偷懒、失败失意、自我检讨、原谅自己，再次定下目标、拖沓偷懒、失败失意、自我检讨、原谅自己、定下目标……

最近过了 23 岁生日，顿悟了一些东西。你主动接触什么就会变成什么。

泡在少年动漫里，慢慢就会觉得自己有主角光环；泡在微博八卦里，慢慢就喜欢猎奇和无脑憨笑；泡在论坛里，慢慢就只剩下了"吹水"。生日那天，发现自己竟孑然一身，空有躯壳！该得到的没有得到，得到的又失去了。我一向不爱赞美自己，认为只要把自己贬到泥土里，就不会带来未来的期待，这样很容易得到安心和释然。我总是这样，总是这样。

跳出长期的"舒适圈"也不是件容易的事，需要脱胎换骨的勇气。

一定要勤奋，不能再懈怠，这样的日子才会看到希望。

金丝

缕缕金丝，分布均匀。置于阳光下，金丝闪动，光彩夺目。

四年受众多人相助。感恩陪伴四年的辅导员，在生活学习上给予四年关照；感恩陪伴四年的同学朋友，一同经历风风雨雨；感恩各位老师，悉心传授知识；感恩父母，给我无私的支持。感恩所有给我提供指导和帮助的人。

四年时光的点滴像潮水一样涌上心头。喜欢良乡晚上 11：30 中食堂带来的简单快乐，喜欢骑着自行车环绕大学城吹风，喜欢拿着啤酒坐在北湖喂蚊子，喜欢爬上每栋建筑的最高层换个视角看校园……喜欢收集迎春花的金黄，喜欢扬起秋天的银杏叶，喜欢操场上堆的雪人……

记得全班同学一起去国博，一起"轰趴"，一起去玉渊潭，一起工程实习，一起钻溶洞，一起参加排球赛、篮球赛，一起排练红色短剧……记得"绿色纸缘"回收废品，记得运动会上的拔河，记得"12·9"长跑……

从大一提交入党申请书到一个月后加入共学会，从共学会的部员到副部长，从学院的每一次党课到学校的每一次党课，从入党积极分子到发展对象，从预备党员到正式党员，入党始终贯穿这四年。

四年来，受到了老师的很多教导。大三初始，跟随江老师学习了一段时间。老师常常教导我："尽力做到更好，当看到别人的好作品时，想想自己能不能做得更好，有什么可以学习的。""年轻就要多学，机会很多，要抓住。""做事做东西要靠谱，靠谱十分重要也很难。"老师的身上散发着解决一切困难的自信。孙老师帮我修改论文，细致得让我感到惊讶。班主任戴亚平老师为我提供了很多建议，在生活上也非常关照我，督促我注意身体健康。感谢所有老师的谆谆教诲。

材质色香

　　防虫抗腐，不易变形；温润柔和，冬暖夏凉；本皮交映，自然雅致；幽香绵绵，愈发浓烈。

　　四年带来了很多，有加有减。未来，希望更加真诚，留下更好的层次，锻炼材性，养好质地，活出颜色，留下余香。

北理工四年修行所得

计算机学院　李燈杰

良乡东路的日子

记得最初拿到录取通知书时，感觉自己要在北京生活四年了，心情是相当激动的。但是到了报到那天，才知道自己要在良乡一个北京六环边的小镇旁先待两年，心里难免有点失落。

初到校园，看到了有三四个高中校区那么大的北理工，受到了学校志愿者的热情接待。接着就来到了堪称全校最大宿舍的242宿舍，遇到了5位舍友，开始了两年的良乡东路的日子。

军训期间，真的是挥洒了比高中三年加起来都多的汗水。由于高考后的暴饮暴食，我当时的体重已经达到了160多斤，所以一套军体拳、一圈正步真的是有点不堪重负，所幸还是坚持了下来，并最终参与了学校的军训汇演。

大一的生活充满了对未知世界的憧憬与探索。经常和自己同一高中的同学一块去良乡镇，甚至是菜市场去探寻美食和乐趣。记得自己在北京喝到久违的家乡的胡辣汤时的喜悦，以及胡辣汤店被拆迁后的失落。记得自己在菜市场大口吃着大饼卷猪头肉，这种豪放的生活方式让来自南方的舍友很是疑惑，但是最终都没有逃过"真香定律"。记得全班同学第一次聚餐时的情景，几十个人围着两个锅抢肉的画面依然清晰……

作为班级的体育委员，我一直坚持跑步，通过两个月坚持不懈，每晚跑6公里，体重由84公斤降到了69公斤，这可能是我大学四年最值得炫耀的事情之一了。大一，我们班获得了软件学院排球赛亚军、软件学院足球赛冠军。回忆中有举起冠军奖杯的激情澎湃，也有被对手绝杀得无奈与懊悔。

大一，我参加了青协组织，参与了帮助流浪狗之家、北京西站志愿引导员等志愿活动，此外还和青协的学长们组织举办了北京市青协会议。通过这些志愿活动，我认识了一群帮助他人、为创建和谐社会默默奉献的平凡人，其中有饲养了几百只流浪狗和流浪猫的大爷，有兢兢业业在北京西站做了十几年的志愿引导员的叔叔。正是这些人的存在，让我们这个社会变得更加和谐和美好。同时也激励我成为一个努力为社会做贡献的人。

良乡东路的日子既有刚入大学的青涩和憧憬、在赛场上挥洒汗水的激情澎湃、参加班级活动的欢声笑语、寻找美食的欣喜若狂，也有参与志愿工作的满足和骄傲。良乡东路两年的日子让我知道了如何来度过接下来在中关村的日子。

中关村的日子

在中关村的大部分时间都是在教室度过的。由于学习压力的增大和考研的临近，中关村的生活更加专注于学习，少了很多课余的活动。

依然记得从良乡来中关村的第一天，同学们一块坐着公交车，跟随自己的行李来到了中关村。虽然之前来过几次中关村，虽然也听说过即将入住的三号楼有多差，但还是对中关村充满着新奇。对中关村的浓厚学习氛围感到震惊，对中关村的食堂的美味感到激动、对宿舍的又小又旧感到难过……

来了中关村——北理工的主场，就必须好好观看一下北理工的足球赛。记得第一次观看的是一场中乙职业联赛——北理工对战盐城大丰。这场比赛让我印象深刻的是球迷，他们操着一口老北京腔调为球队加油助威、敲鼓呐喊。遗憾的是北理工在领先的情况下最后由于体力不支被对手扳平了比分。但是这次比赛让我感到了足球的魅力，因此日后更加关注足球队的比赛。终于，等到了北理工与中南大学的大学生足球超级联赛总决赛。决赛的氛围真的是震撼到我了，整个看台，甚至是球场的四周都围满了球迷，当时真的是感觉到了足球的纯粹与激情。特别是到了北理工 2∶0 夺冠的时候，一首 We Are Champions 把整个校园的气氛推到了最高潮，恭喜北理工十冠王。

虽然学习十分紧张，但是我已经有了坚持跑步的习惯，所以每周还是要跑三四次 6 公里。每次跑步的时候，整个人都处于解压状态，忘记了考研的压力和无尽的作业，仿佛这个世界上只有一个不断奔跑的我。

2019 年暑假，我进入学校的人工智能实验室学习。这次学习让我意识到了数学的重要性以及数据处理的魅力，也成为我日后选择数据处理作为自己的发展方向的基础。当年的寒假，我和两位同学参与了数学建模美赛。临近年关，大多数同学都已经回家了，我们三个为了寻找一个可以晚上一块上自习的教室奔波在图书馆、研教、信教、学院基地之间。虽然最后只得了 H 奖，有点遗憾，但是整个过程中更多的是三个人的努力与汗水带来的快乐和成长，大家各司其职，为了同一目标不懈奋斗。

在大三暑假时，我意识到自己已经不可能获得保研资格，于是埋头考研准备。每天，宿舍、研教、食堂三点一线，匆匆行走。我不喜欢图书馆的安静，所以选择了研究生教学楼作为自己学习的场所，我几乎在每一个教室都自习过，也因为丢失一卡通、水杯、雨伞和整栋楼的阿姨都渐渐相识了。早上 7 点我沐浴着晨光开始一天的学习。学习总是从背单词开始，"墨墨背单词"上的 3 000 多个单词就是我努力的证明。最为艰巨的是数学复习，刷了《张宇 36 讲》《张宇考研宝典》，一遍一遍温习《张宇一千题》。一套套考研真题刷了一遍又一遍，有破解难题的喜悦，也有重复做错同样题的懊恼。可以这样说，考研是我中关村生活的重要部分，研究生教学楼是我考研的重要学习场所，而高数是我在这栋楼做得最多的科目。考前最后一个月，每晚 11：30 返回宿舍，有时还能看到漫天的雪花飘落，心情特别舒畅。伴着一天的收获，睡得特别安详。

皇天不负有心人，考试比较顺利。

总结

大学四年时光匆匆，还未来得及和老师同学道别就已经各奔东西。四年之间有太多的人和事让我感动，让我印象深刻；四年的学习让我充满力量，四年的生活教会我独立自主、积极向上。希望在以后的日子里各位同学和老师一切顺利、前程似锦。

回眸大学岁月

计算机学院　李安腾

大学生活回顾

时间如梭，转眼就临近毕业。来不及细细回味，在北理工四年的大学生活就将与我挥手作别。四年的时光见证了我的每一步成长。平淡中孕育精彩，艰辛中散发快乐，在点点滴滴中学会坚强，平凡的生活中闪现的是一份简简单单的真实。在大四的尾巴上，回忆四年的生活片断，只想为这四年画上一个圆满的句号。一个终点意味着另一个起点。不应该有太多的失落，因为曾经有过精彩；也不应该有太多的感伤，因为青春尚与我同在。年轻的生命不应该屈服于生活的磨难，而应该在风雨中傲然前行！

1. 探索适应

我永远都忘不了四年前的那个下午，刚下火车，就急忙奔赴良乡校区。初见学校时我还是有些惊讶的，一是地理位置有些偏僻，二是感觉学校还挺大的，但是显得空旷，没有预想的大学校园的样子。一进新宿舍便忙着和舍友打招呼、打扫卫生、放置行李。我并没有让父母陪同前来，想有意锻炼一下自己的自立和生活自理能力。我的大学生活就此开始。

开学后，我开始了平生第一次正规的军训。"军人的纪律"是我时时要牢记的。在那里的半个月里，我的意志力得到了很好的检验，也得到了很好的磨炼。那是我从家里无微不至的关怀中走出去开始独立生活的一个很好的体验，虽然经受着烈日的炙烤和身体上的劳累，可是我依然走过来了；在精神上我得到了一笔财富———一种吃苦耐劳，顽强的精神。它将激励我在以后的生活中无论遇到什么挫折都要勇敢去面对，不向生活的苦难服输，相信过后留下的将是美好。

大一刚入学，面对即将来临的大学生活，我有些不知所措。也许是在高中时常听老师说"努努力,高中苦,大学就轻松了",心里对大学充满期待,但后面接触了大学课程后,这种想法没过多久就消失了。大学生首要的任务是学习,但刚入学的我对大学的课程和学习模式有些迷茫。大教室上课,老师也不会非常严格地管你,所以上课忍不住玩手机是常有的事。但课程难度并不低,高数、线性代数这些课程都曾让我费尽心力。大学的课程只在课上听老师讲是远远不够的,课下自己还要花相当长的时间来消化吸收。同时相比高中,来自班主任、老师的约束更少了,这就对自己的自律能力提出了更高的要求。

也许是早就听人说大学一定要参加几个社团培养兴趣,所以我报了好几个社团。其实现在想起来自己当时还是欠考虑的,很多社团都是盲目跟风报的,根本没有从自己的兴趣出发。如果再回到那个时候,我一定会认真、冷静地审视自己,按照自己的需求适当地参加一两个社团。我还参加了学院的学生会,在工作中结识了一些朋友,也收获了很多,这段经历我一直都记忆犹新。

总而言之,在整个大一前期,我对大学生活和自己的新定位一直都处在一个探索和适应的过程中,而当自己适应了这些新变化,生活也就步入了新常态。

2. 步入正轨

经过大一前期的适应,我逐渐掌握了大学生活的节奏,学习、生活开始按部就班,摆脱了初入大学的迷茫,开始有了一些新的计划和目标。

首先是锻炼、提升专业技能。作为一名计算机专业的学生,编程能力是很重要的。在学习C语言时,自己对这一点还认识不足。当时对待编程课的态度是得过且过,只要期末分数好看就行,也不想着什么真正学到本领。但随着对计算机专业的深入认识,我开始重视编程能力的培养。我在各大在线评测网站上刷题,参加学校举办的程序设计大赛。编程锻炼的不仅是敲代码的能力,更重要的是一种思维,一种计算机专业学生的思维。课堂上学习的一些算法只是纸面的东西,只有把它们变成一个个的程序才能发挥实际的作用。在编程过程中也会遇到很多意想不到的问题。发现问题、解决问题,多动手实践,这样既提高了编程能力,也对一些理论、技术有了更深的理解。

其次是人际交往能力的培养。大学是一个小型的社会,人际交往是绕不开的话题。基本的为人处世、待人接物能力的培养也是我们将来走向社会的必要技能。当然这一点我并没有刻意去培养,在日常生活中我一直怀着一颗真诚、友善的心,尊重他人,收获了良好的人际关系。除此之外,我在课余时间还积极参加志愿服务活动，如一些招聘会、体育比赛的志愿者。志愿服务既可以锻炼自己的能力也可以接触到更多的人和事，开阔自己的视野。在志愿服务中，我培养了自己的社会责任感。

3. 力争上游

进入大学后，我曾经和几位学长聊过关于学习的话题。学长们的答复都差不多，即劝我要好好学习，把学习当作首要任务。一位学长还鼓励我努力学习取得好成绩争取保研。这让我不禁后悔起大一虚度的时光。我有了争取保研的信念，成绩也有所起色，接连获得了校级"优秀学生"荣誉称号、国家励志奖学金等奖项。虽然，接下来的日子我努力取得了不错的成绩，限于大一不太理想的成绩，我预计保研还是没有希望的，于是早早地开始了考研的准备工作。

暑假的时候，在家里准备考研，老爸进来看到满地的书，语重心长地说："赖子啊，花了这多精力兮一定要考到来哟。"

日复一日地看书刷题，生怕以后没书读。

数学演算错了一步，恨不得扇自己一巴掌；英语阅读错得一塌糊涂，心想"凉了凉了，这连单科线都过不了还考什么研"；政治知识点记得不牢靠，耐下性子一遍遍看；算法题不会做，在想自己怎么没有超级大脑……

过程中也充满着感动。依然记得张宇老师视频课在讲完二重积分后，班里只剩数一的同学，那一句"数学一的同学你们要坚持住啊，你们是考研界的标杆"，瞬间感动得想哭。"后积先定限，限内划条线，先交取下限，后交取上限"，这些话我估计一辈子都忘不了。

李永乐老师讲课一丝不苟，讲义都提前工工整整地用记号笔写在 A4 纸上，他的线性代数讲得极其精彩，几句话就能让你拨云见日，"线代王"名副其实。

王式安老师的概率论风趣幽默，他的"养身"解题法现在还记忆犹新。

徐涛老师的政治和唐迟老师的阅读是我每天晚上必听的功课。徐涛老师的课极为生动精彩，通过他我才发现原来马哲是这么有趣，再仔细想想，感觉这又何尝不是人生的大智慧。唐迟老师的阅读能让你发出"原来阅读还可以这样做"的感慨，"细节服从主旨""不要强求不可知，要从已知推未知""阅读理解不要理解"这些话帮助我逐步地提高正确率。

暑假在家复习，感觉进度很慢，于是早早地回校，开始常驻图书馆，晨曦起而戴月归，一睡懒觉就觉得是罪过。偶尔还会后悔一下自己大学三年荒废，不然何至于此。

结果到了9月份，学院开始保研申请工作，我看自己的综合排名在保研的边缘线，就试探地提交了申请，当时自己也没想太多，总觉得成就成，不成就算了。结果最后竟然保研成功。

从未想过自己的考研历程会以这样的方式戛然而止。880题刷了不到一半，政治复习题都没看完，三本"王道"专业课只看完了一本，英语黄皮书越刷心态越崩……

保研成功让我有了更多时间去思考将来的路该怎么走，相信自己在研究生阶段会有更明确的方向和更充足的前进动力。

要求与展望

首先是要多学习。计算机专业的发展是很迅速的，各种新理论、新技术层出不穷，所以要时刻保持一颗求知之心，做到终身学习。只有不断地学习，自己才能不断地进步。

其次就是多动手。如编写程序"眼看千行不如手敲一行"，很多技术、理论只是泛泛地看，也许当时是很清楚，但当真正上手操作时，总会冒出各种各样的问题，所以多动手，发现问题、解决问题，提升熟练度，这样对理论、技术的理解也会更深。

最后也是我对大家的一点倡议，就是多阅读。阅读不是刷知乎、看微博，这些碎片化的阅读只能让你获得片刻的愉悦，但可能几天后，脑海中就没了一点印象。阅读是读书，多读一些文史哲类的书籍，完整地汲取知识的力量，这对自己的学习、生活、人际交往等多方面都是有着实际意义的。

且行且思，且思且行

材料学院　杨　振

如流沙的时间，总是很难留住。转眼间又到了毕业的时候，在即将撰写德育答辩论文的时候，那段跨越20岁的四年在脑海里的投影仪上缓缓放过，每一个片段我都经历过、思考过，再经历、再思考，就这样且行且思，且思且行。

最难忘的那几件事

在母校求学的这四年，经历了许多件有意思的事情，或悲或喜，或酸或甜，而成长也默默地在这背后进行着。

（一）大一

首先是大一上学期放寒假的时候，自己一个人坐地铁去北京南站。当然，现在看起来这是件非常普通的事，不过当时的我，几乎在半年里没有出过校门，没有买票坐过一次地铁，而且上大学前也没有自己一个人出过远门。就这样，胆战心惊地完成了一个人的回家之路，或许从那个时候起，我开始跳出了自己的舒适圈。

然后是大一下学期，在开始学习C语言的时候，也很紧张，毕竟上大学前，高中时候的信息课全用来刷习题了，基本的Office也用不熟，上这门课的时候真的十分紧张，连打出Hello World都要看一下书。于是我自己买了一本入门级的C语言教学，在纸上写代码练习，模仿书本上的案例，然后自己尝试在乐学上做习题，经常持续到深夜，第二天继续想逻辑思路。让人非常欣慰的是，一个星期左右，我就看完了基础知识，编程榜排名也一直靠前。从这之后，我对自己的自学能力逐渐有了自信。

放暑假的时候，和高中同学一起去天津流浪了一个多星期。沿着海河，欣赏北方金融中心的华丽建筑，在滨海新区看渤海湾浑浊的海水，最有意思的是住太空舱旅馆。这段旅行，让我开阔了眼界，渐渐打开了自己，融入了外面的世界。

（二）大二

大二刚开学，我就报名参加了魏晨演唱会的志愿者，这是第一次现场观看明星唱歌。印象最深的一幕是魏晨和杨紫合唱的一首《寻人启事》。当时唯一的感想就是好好奋斗，生活里太多的美好需要努力才能体验到。

之后是和材控班同学的秋游坡峰岭。在此之前，我一直对班级的概念很模糊，觉得就是为了便于教学而形成的一个群体，那次之后，才慢慢觉得班级有一股凝聚力、一种亲和感。原先自然班里就我一个人进入电封，每个同学都很陌生，而后自己也开始慢慢和同学熟络起来，之前经常冒出来的无法言说的孤独感，也就不复存在了。

大二下学期，参加了北方工业奖学金答辩。答辩那天，穿着黑色的正装，冒着三十多摄氏度的高温，一路从良乡赶到中关村，然后经过三个小时的答辩，拿到了第一笔社会类捐助奖学金。当我出来的时候外面下起了滂沱大雨，到良乡宿舍的时候，衣服几乎湿透了。冰火两重煎熬的一天，现在回想起来，还是历历在目。

（三）大三

进入中关村之后，就开始陆陆续续地学习专业课了。由于专业特点，专业课好多需要记忆的内容，不像大一、大二偏数理计算的基础课。于是每次快考试的时候，人人拿出A4纸，抄上知识点，开始疯狂记忆，有意思的是，每次都是记了忘、忘了记，反反复复，十分痛苦。

大三的金工实习，持续时间虽然只有五周，但是给我留下的印象还是非常深刻的。我们一起刻铝片、切钢板，还做飞机、玩焊枪，整个过程都充满了欢声笑语，在压力较大的大三生活中算是调节、放松。

大三暑假，我与班级同学一起去了甘肃省天水市的一所科技公司实习，第一次近距离接触这种大企业，认识到了实际生产和操作与平时课上的理论知识的差距。我们还一起游览了天水附近的景色，见识到了祖国大西北的美好风光。

（四）大四

大四在保研成功之后，生活节奏开始放慢了一点，我偏重培养一些意识和技能。比如在 B 站上学习 AD 制版软件，这是我第一次在网上系统学习完一门课程，之前都是零零散散的学习，所以这次经历算是给自己开了个网上学习的好头。

我又开始了每天的跑步，从一开始的一公里、两公里到后面的六公里，提高的不仅仅是身体素质，还有对生活的积极态度和热情。

印象比较深的还有漫长的毕业设计。由于疫情的原因，一直在家里做毕业设计。由于毕业设计涉及的东西是之前没有学过的，一开始十分迷惘。后来在老师的远程辅导下，才慢慢走出困境。在阅读大量文献和自主网上学习后，我确定了毕业设计的整体框架。我顺利完成了毕业设计，并取得了优秀的成绩，在此特别感谢郑冰老师的耐心指导。

学业成绩

入学初年，对大学的节奏还不是很适应，当时又缺少外界信息的获取，导致刚开始走了一些弯路。比如在应试方面，我当时有些浮躁，没有端正态度，同时自我要求模糊，因此最终的结果让人有点失望。我也没有积极与同学交流沟通，整个大一上学期都比较封闭。

在经历了比较大的一次打击后，我开始重新审视自己，与室友积极交流，向前辈请教，看各种经验帖，对不同的方式进行尝试……我的成绩、生活和交际等有了很大的改观。

大二时，几乎除了吃饭、上课，我都泡在图书馆学习。我坚持预习课程，有意识地培养自学能力，课后积极完成习题，最后在大二整个学期都排名班级第一，并且学分绩接近 95，为后面的保研奠定了很好的基础。

在学习过程中，没有什么特别突出的天赋，靠的是自己认真的态度和坚持下去的恒心。在取得优异的成绩后，我的自信心也慢慢积累起来，敢于尝试一些新的东西了。

思想感悟

经历很多事情和学习上的挑战后，我从中得到了很多领悟。

首先是要学会坚持。"放弃很容易，但坚持下去一定很酷"。任何的改变都不是一朝一夕做成的，是需要一定时间来完成的，而我们在这段时间要做的就是坚持下来。

其次是积极解决问题。谁不想做实验的时候不出一点差错？谁不想打代码的时候一个漏洞都没有？可是现实就是这么残酷！出现问题，就要想方设法解决它，解决问题的过程就是进步的过程。在未来，肯定会遇到许许多多问题，而我们要做的就是用尽一切办法去解决它，而不是惧怕它，只有这样，我们才能进一步成长。

最后是要树立终身学习的理念。如今的社会充满了很多的不确定性，社会更新的速度也日益加快，新知识、新技术层出不穷。因此我们需要时刻让自己保持学习状态，积极学习新知识，不论在什么年纪，一直保持着对知识的渴望。只有这样，我们才能紧跟时代步伐，不被时代抛弃。

未来展望

我未来将会在北京大学的信息科学技术学院继续学习微电子知识。考虑到未来对高学历人才的需求，我直接报了攻读博士。

我希望自己能够培养出良好的科研能力，对业界的发展动向有自己的理解，并且能够和导师、师兄师姐们积极合作交流，去解决业界发展遇到的问题，并因此发表出自己的成果，不去刻意追求文章的数量，而去追求文章的质量以及影响力。纵然会花费较多的时间和精力，拥有属于自己的代表作也是值得的。

我希望自己继续坚持夜跑的习惯。身体是革命的本钱！正如北理工操场的标语一样："每天锻炼一小时，为国工作五十年！"

总结

答辩完，大家也要各赴前程了，每个人在四年里都收获满满，都有属于自己的那一份感动。每个人的选择都有自己的理由，没有绝对的对与错，只希望我们能够为了自己的选择而拼尽全力，用力奔跑，用汗水和心血来谱写属于自己的华丽篇章。

最后感谢所有教过我的老师，感谢一直陪伴我前行的同学们，还有一直给予我支持的父母家人们，因为你们，生命里才会拥有那么多的美好。

祝福所有2016级的电封小伙伴们：前程似锦，未来可期！

一路有"理",闪闪有光

材料学院 赵 琳

依然记得四年前,我还是一个胆小怯懦的小女孩,第一次离开家,第一次离开父母,来到人海茫茫的北京。当时的我还不知道,大学对我来说究竟意味着什么,也不知道真实的大学生活是什么样子。四年后,我想对当时那个无知的小女孩说,不要害怕,你最终会在北京理工大学成长为闪闪发光的女孩子。

半程挫折

我从小无忧无虑地生活在父母的庇护之下,高中之前的每一步都有父母指引,即使会做一些力所能及的事情,也是与学习相关的。当踏入北京理工大学的那一刻,我并未感到崭新的生活展开在我面前,而是说不出的恐惧感。我羡慕那些落落大方地与他人交友的小伙伴们,羡慕别人侃侃而谈的勇气,也羡慕他们能够独立做好任何事情,不需要陪伴与帮助。而我也明白,作为一名大学生,我应该走出自己的舒适圈,学着自己成长。

在良乡的日子,是我成长最快的日子。那段日子的成长对我来说是被动的,很感谢陪伴在我身边给予我支持、鼓励以及帮助的人。还记得第一次提交材料,因为自己的马虎错失提交时间,被辅导员训哭,军训带我的鲍导一路安慰我,最后还让辅导员来安慰我。那次也让我明白了,自己对自己的事情不上心的话,承担这件事情后果的也是自己。这是北理工给我上的第一课。

北理工给我上的第二课是C语言濒临挂科的崩溃。高中时,家人与老师传递给我们的都是,只要上了大学就可以好好玩了,好像只要考上了大学,一切都会很美好。我从来没有认真思考过:自己上大学究竟是为了什么,要从中收获什么。因为有着高中时候的底子,大多数课程还能对付。但是C语言是一门对我来说很难的课程,再加上不学习、不听课,结果可想而知。考试时三道编程题我一道都没有编出来。在出成绩的前几天，我备受煎熬，也不停地反思。庆幸的是，成绩在挂科边缘刹住了车，好歹没挂。但是这件事情也让我明白了持之以恒的学习与进步，是我作为一个大学生的基本要求。

良乡的这两年，我在磕磕绊绊中走过，从开始的懵懂无知，到后来我学着对自己负责，学着规划自己的未来。同时，我也在不断锻炼自己的社交能力，一切，慢慢地都在向好的方向发展。转眼到了大三，就要搬去中关村了。我才刚开始习惯在良乡的一切，又要重新出发，但是在良乡两年的历练，我变得有勇气去面对全新的挑战。

半程成长

到了中关村，我们的身份也慢慢由学弟学妹转变为学长学姐。大三、大四，我们开始了专业课的学习，也离实验室更近了一些，这些都给了我们更多了解自己专业的机会。此时的我，心中已经默默定下了一个目标——取得保研资格，继续在本专业深造。

在来到中关村之后，我们学习的基本都是专业课。知识渊博而又和蔼可亲的本专业老师让我对学习有了更多的兴趣，我也将更多的精力放在了学习上。记得很清晰的是在考专业课高分子化学之前，我按照计划在答疑前把课本、习题等需要看的内容都过了一遍，并主动找老师进行了答疑，那是我大学以来第一次有勇气去答疑。经过大三一学年的努力，我的成绩给了最好的答复，我成功拿到一等奖学金，要知道在我曾经是与奖学金无缘的人。在寒假的时候，我有幸参加了北京理工大学海外计划项目，并得到了去法国奥尔良游学的机会，那是我第一次踏上异国土地。我感受了法国浪漫的气息和大学的学习氛围。我的视野得到拓宽。我意识到，未来的舞台很宽广，但我还有很多不足需要补足。在回来后的那个学期，我慢慢开始参与实验的相关工作，了解未来的研究工作是怎么样的。我还作为负责人参加了北京理工大学"世纪杯"竞赛，成功拿到二等奖。

从良乡的迷茫到中关村的目标清晰，我在逐渐成长，前进的每一步都更加踏实，也逐渐品尝到成功的滋味。我一直相信的一句话是："越努力、越幸运。"最终我取得了保研资格，完成了当时定下的目标。但是我知道，前进的脚步还不能停止，也许努力过了才更懂得努力的重要性。在大四这一学年，我也在努力把自己应做的事情都做好，我最终取得了"北京市优秀毕业生"的称号，为自己四年的大学生涯画上了圆满的句号。

步履不停

四年的时光转瞬即逝，在北理工的每一幕像影片一样在脑海中回放。回顾这四年，在学习方面，我从第一学期的没有奖学金到三等，到二等，到一等，最终以综合成绩第一的排名取得了保研资格，为这四年的大学生活交上了一份满意的答卷。与此同时，我还取得了优秀毕业生、优秀学生等诸多荣誉称号。未来三年，我将在北理度过研究生生涯，我将带着这份积极向上的精神和良好的学习习惯，再为自己的研究生生活交上一份满意的答卷，并继续用自己所学的专业知识回馈社会，做出自己的贡献。

值得开心的是，我并没有成为别人口中的"书呆子"。四年来，我一直坚持着做志愿服务。2016年，我担任了Bring Me Hope夏令营的志愿者，尽自己的力量为孤儿院的残障儿童带去了欢乐，也更明白了自己的生活有多幸福，要珍惜所拥有的一切；2017年，我参与了"北京国际长走大会"的志愿者，为大会的圆满举行贡献了自己的力量；2018年，我担任了中国软件博览会的志愿者，这是我第一次近距离接触国际性会议，视野得到了进一步拓宽。在平时的生活中，我还会参与支教活动、敬老院慰问老人、地铁志愿等活动。在做志愿的过程中，我不仅感受到奉献他人的快乐，实现了自己的人生价值，而且结识了许多志同道合的朋友。我希望在未来，我能够继续把这件事情坚持下去，用自己微薄的力量去回馈社会。在时间较长的假期里，我还去过天津、秦皇岛、南京、济南等地，感受各地的文化，品尝特色美食，呼吸不一样的空气，用自己的脚步丈量世界的宽度。有人说："心灵和身体，必须有一个在路上！"仔细想来，这四年我好像丢掉了读书的习惯，微博、知乎等软件占据我的日常，但没有使我更充实。在未来，希望自己能够重拾读书的习惯。

在北京理工大学四年的学习与生活，除了掌握了一门专业知识，我的个人能力也得到了全面的锻炼。大学是一个自由度很高的地方，最初我曾迷失自己，但是很庆幸在老师、同学和辅导员的帮助下，我走上了正确的道路。在这个过程中，我从懵懂无知变得成熟自信，我懂得了这个世界上对自己负责的只能是自己，所有的事情都需要自己去争取。同时，我的抗压能力也变得更强，从以前的不堪一击到现在的从容不迫。我感谢我所经历的一切，不管是好的还是坏的。在与不同的人的交往过程中，我逐渐学会了为人处世的一些准则，我希望自己以后能够成为一个让别人觉得很舒服的人。但是我也明白自己有很多不足，我有着与生俱来的不自信，我正试着去改善自己，我是一个拖延症患者，我正在学着更加自律。

二十多岁注定是不平凡的年纪，同时我们生活在一个不平凡的时代。我很庆幸在四年前选择了北京理工大学，在这里学习和生活的四年，是我成长最快的四年，感谢北京理工大学带给我的包容与成长。我还要感谢四年中认识的所有人和经历的所有事情，这些都促使我成为更好的自己。一路走到现在，我的成长离不开我的家人和朋友的支持、鼓励和包容，我将始终带着他们的期望前行，不负韶华，努力前行。

接下来，我将继续在北京理工大学度过三年的研究生生涯，我将一直铭记着北理工"德以明理、学以精工"的校训和材料学院"材以养德、料以治学"的院训，一直以高标准来要求自己，努力成为一个优秀的北理工人。

不断进取，迈向新阶段

生命学院　刘心语

白驹过隙，时光如梭。转眼大学生活即将画上句号，回顾这四年，有得有失，有成有败。虽然有大大小小的遗憾，但值得珍惜的经历很多很多。一个阶段的终点同时意味着另一个阶段的起点。在这里我将回首过去四年的大学生活，展望未来自身的发展，向着人生的新阶段迈进。

入校与低谷

1. 学业

大一的我处于一个懵懂的阶段。在高中学长与老师的持续灌输下，在没有进入大学之前，我一直有着"到了大学就会比高中轻松很多"的想法，于是在大一刚开始基本处于放飞自我的状态。实际却是另一番景象。作为生命学院的学生，在大一刚入校就需要完成每周十九至二十门课的学习。我沿袭着高中的学习方法，只完成老师让做的任务，学习主动性十分差。如果大一上学期的成绩还算勉强可以接受的话，到了下学期，这样的错误认识完全显示出了它的弊端，主要课程成绩接连下滑。

时间转眼就来到了大二，这一学年的学习对我来说是十分煎熬的。我进行了深刻的反思之后，在这一年调整了学习方法，开始主动学习，但是我逐渐发现，大二的很多课程与大一所学内容是紧密联系的，而大一没有打下扎实基础的我在学习这些课程时十分地艰难；另外，我还发现自己有着偏科的情况，对于一些自己喜欢或者擅长的课程可以很快乐地学习，但是对于一些其他的课程，则是遇难则退，导致大二学年分数两极分化情况十分严重。

2. 课外活动

由于在高中时未竞选进入学生会，我对学生会这样的学生组织有着执念。刚进入大学时，就迫不及待地参加校学生会的招新活动并成功入选，参与组织了一些大型比赛。我还参加了许多文体方面的活动，比如深秋歌会、校运动会等，取得了比较好的成绩。学校组织的其他班级活动，我也积极参与。大一下学期，我开始参加 iGEM 竞赛，由于这个竞赛需要大量时间投入，我逐渐减少了文体方面课外活动的参与。我扎扎实实投入，从最基本的文献查找到与其他队员配合完成项目书书写，从熟悉基本实验操作及要求到将实验技能运用到项目中，从完全不懂网页编写到与团队一起完成整个网页的编写，从完全不了解英文演讲到作为演讲代表向评委呈现整个项目。我的最大成功与收获并不是得到的那一张奖状，而是数也数不清的珍贵经历与各类不同的工作能力。虽然只是一个竞赛，但它提升了我解决的问题的能力，也使我对自己有了一个比较好的定位，在对人、对事、做人上获得了许多启示与经验。

逐渐明朗

1. 学业

大三搬到中关村校区之后，大家或多或少地开始思考自己未来的发展路线。我发现我大一、大二的成绩给自己拉了后腿，也开始慌了神。在与安聪老师进行了几次深刻谈话后，一直困扰我的问题渐渐地被解开了。我为什么学？在高中，学习的目的很明确，为了考上一个好的大学。而到了大学呢？我学这些课是为了做什么？我越思考越觉得安聪老师说的话有道理。那就是，先学习尽可能多的技能，当遇到问题需要解决的时候，快速高效的可能性将会比较大；而如果等遇到问题再来学习技能就太晚了。于是，我尝试再一次调整自己的学习状态，首要任务是尽量提高自己的成绩。我开始了早出晚归的学习日子，终于功夫不负有心人，我的成绩有了十分明显的提升，获得了进步奖以及二等奖学金。当然我也纠正了偏科的毛病，保证不擅长的科目能基本达到平均水平。这样的状态一直延续到了大四，我的成绩基本能保持稳定，并获得了三等奖学金。

2. 科研活动

到了大三的我，经历了两次大的竞赛后，在科研方面积累了一定的经验，在老师和学长、学姐们的指导下我开始进行一些科学项目研究及实验的学习。大三期间，我作为第三作者发表了论文《空间生命科学载荷技术发展与未来趋势》。另外，我在第五届北京市大学生生物学竞赛"奇思妙想"竞赛单元中获得团体三等奖；2019 年在北京理工大学"世纪杯"课外学术科技竞赛中获得一等奖；参与全国空间生命科学与生物医学工程培训班并获得培训证书。在大三下学期及暑假期间我还参与完成了胃癌标志物 PG I&II 高亲和力适配与体 SELEX 筛选项目的实验。这些经历让我对自己感兴趣的技术和方向有了更全面清晰的了解，身边老师和学长、学姐们的严谨以及探究精神也很大程度上影响了我对于科研的态度。

拨开云雾

真正确定自己未来方向的时间是在大三结束后的那个暑假。在刚上大三的时候，我对于自己的未来目标并没有改变。我在之前的交流中看到了太多太多比自己优秀的人，我想一个层次一个圈子，只有先提升自己，让自己变得足够优秀，才能融入优秀的人的圈子里，而在这样一个圈子中，相互影响，能够再上一个台阶，这是一个良性循环。再加上我对国外学习环境和生活充满着向往，所以那时候还是围绕出国来进行未来的准备。但是在与学长、老师，以及父母进行深刻讨论之后，我将目标由出国换为了考研，如果出现失败的话再考虑出国。于是 7 月份，我开始了紧锣密鼓的备考。从一开始的每天复习五六小时到后来每天十三小时，我逐渐进入状态。在整个备考的时间里，我有过多次情绪波动，但是从来没有放弃的想法。因为我在数学方面比较薄弱，所以从备考开始，数学一直是我花时间和精力最多的科目，但是最终成绩出来时我傻眼了，原来在之前我只是感动了自己。对于数学的学习，我认为我还是没有找对方法，不懂得进行灵活变通。对自己的水平有着错误的认识导致了最后的失败。不过，我也没有放弃升学的打算，准备开始新一学年的申请，我将吸取考研期间的宝贵经验，不遗余力向着新的目标迈进。

最近在网上看到了一则热门消息，是一位在东莞打工的大叔在东莞图书馆上的留言，他主要说到了自己对于读书的热爱，我受到了很大的触动。学习是一辈子的事情，这四年只是漫漫人生路上的一小段旅程。在这么短的时间里，只要肯做事，只要肯读书，合理安排自己的时间，就可以实现无数个心中的目标，收获无数的经历、体会和感悟。在学校，我不仅学会了知识，还学会了许多人生道理，这些道理和感悟不断完善着我的人生观和价值观，在对人、对事、做人上都给予了我许多的启示。这些经历还很大程度上提升了我解决问题的能力，也使我对自己有了一个比较好的定位。以后的人生路还很长，踏出校门又是新的起点。希望每个人可以做自己想做的事，追逐自己的梦想，去自己想去的地方，做自己想做的人。

　　最后我想感谢无时无刻不在关心我、支持我的决定、给予我陪伴的父母，感谢他们做我的坚实后盾，成为我未来前进的底气和动力。感谢老师们一直以来不辞辛苦给予我的指导和鼓励，感谢学长学姐和朋友们的帮助和陪伴。感谢北京理工大学提供给我的这个平台，感恩所有美好的相遇。用一句话来进行总结：回首过去，展望未来，任重而道远。

入　海

法学院　王嘉璇

大海，宽广迷人，暗藏玄机，却又变幻莫测。对于生长在内陆城市的我，大海还意味着欢喜。

大海像极了我的大学。四年来，北理工记录了我初次入海，历经风吹日晒，直到足够强壮可以独自驾船远航的经历。

晕眩与浪花

对很多人来说，第一次坐船并不是种愉快的体验。随着波浪起伏，脚下的船板会不停息地摇摇摆摆。初上船可能会很兴奋，但一旦过于开心而晕船就会手脚酸软，有时眼前突然漆黑，然后慢慢亮起闪烁的星星。大一的我，很不幸，正是一个晕船的菜鸟水手。

刚到北理工时，我精力十分旺盛，除了把课业和班长工作做好外，我还参加了很多社团组织，报名学习德语。新加入社团时要参加许多聚餐活动，在社团中帮忙也会花费时间。逐渐的，我发现自己并不是那么喜欢集体活动，一些社团工作也找不到参与的意义。德语学习也因为没有找到合适的时间，未记忆的知识点越来越多，和其他同学的进度也越拉越远。期中、期末考试前，社团组织和德语学习开始影响到了我的课程学习，我只能不断挤占自己的私人时间，养成了熬夜的坏习惯。

为了减轻自己的负担，把有限的精力专注于更重要的事情，我开始学会了拒绝。我放弃了不喜欢的德语课程，退出了空手道协会等学生社团组织。有了更多空白时间的我可以更加专注自己的课程学习，也有机会参加一些专业比赛，甚至还有了一些空闲时间去慢慢体会大学生活。

到了大二，我更像是一朵随波逐流的浪花。我十分在意别人的看法，有时会失去自己的判断，被别人的意见左右。于是，我开始刻意改变。什么导致了浪花的改变？是理性思维。大学生活让我接触到了不同的观点和态度，不论哪种都有其存在的合理性。不同的人囿于立场不同，观点自然会不同。此外，我学会了在不知道全部真相时不要轻易判断，很多时候的"真相"是片面的。我开始用自己的眼光去审视问题，在变成一朵有自我意识的奔涌浪花后，我升入了大三。

暴雨与彩虹

大三的我，每天都过得很疲惫。由于前两年的努力，很多人眼中的我是成功的。但是，当时我的学业、身体、家庭、朋友和爱情多方面都在给我压力，这种感觉在大三下学期达到了顶峰，感觉自己是暴雨中不堪一击的小树苗。甚至有一段时间，我发现自己失去了开心的能力，笑容都变得苦涩。外界的一场"小雨"也会在我心中掀起惊涛骇浪。不能很好处理自身情绪的我选择了向外发泄，给一些亲近的人造成了困扰，这是我大学期间最大的遗憾。

最后，我学会了欣赏"暴雨"，直到发现了彩虹。变化开始于一场谈心，谈心中我明白了事情的解决不在于急于求成，焦虑情绪有时毫无助益，把一切交给努力与时间。我学会了安抚自己的情绪以及给自己降压。在闲暇时候给自己买一束花，让花的清香给自己一天带来好心情。我学会了与身边的人多交流，正面面对自己的情绪。我学会了发现平常生活的幸运，把注意力转移出去。

除了"暴雨"外，在三年的努力下我也迎来了"彩虹时间"。为了保研，前三年我一直严格要求自己。学习成绩优异，前三年平均学分成绩为90.3，综合排名年级第3（年级共62人），多次获得奖学金。从大一开始我就参加了许多竞赛活动，并收获了不错的成绩，其中国家级奖项1项，省级奖项2项，校级奖项9项，多项院级奖项。除了课程学习和竞赛外，我还十分注重科研活动，如2017年年底—2018年年底我作为组长报名了校级大学生创业创新，研究智能汽车的交通侵权问题，过程中发表了名为"浅析智能汽车侵权责任"的文章。

除了科研能力外，英语水平也是我努力提升的重点，我尤其重视英语科研能力。大学时我一次性通过了英语四六级，最终成绩四级541分，六级509分。我认真学习双语课程，如国际公法双语（92分）和美国侵权法概论双语（95分）。大三上学期，我报名斯坦森国际环境法模拟法庭，代表北京理工大学赴韩国首尔崇实大学与东亚赛区的其他队伍竞赛。这是我第一次参加纯英文的模拟法庭。在阅读大量英文文献和有关法条判例的基础上，我完成了 MEMO 中管辖权和事实部分内容的写作；在比赛中，我代表原告方发言并答疑，在点评时还受到了法官的表扬。这次比赛让我初步熟悉了国际法庭的流程，同时提升了运用英语检索、阅读、写作和表达的能力。

为了在课堂之外进一步学习刑法，大一时我加入了学院模拟法庭比赛，准备比赛期间深入学习占有取得说、过失犯罪、义务冲突等概念。2017 年，我参赛北京市大学生模拟法庭，通过具体的案例探讨盗租他人房屋、低价窃取出卖礼品卡等问题。比赛中我参与了起诉书、辩护词、公诉意见书等文书的写作，并在两次庭审里分别作为辩护人和证人出庭，增强了对刑法学科的兴趣，同时提高了刑事法律文书写作和法言法语表达的能力。

专业实习方面，我曾在保定市人民检察院民事行政检察处实习期间进行了公益诉讼的研究，并在环境法课程中就成果做课堂展示。在北京市海淀区人民法院中关村法庭实习时，我研究了网络侵权中区块链存证服务，并撰写了实习报告。由于在这次实习中工作认真，表现良好，我被评为北京理工大学暑期社会实践的优秀实习生。

学生工作方面，我是一名班长，大三担任了法学院团校的主要负责人，经常协助辅导员处理日常工作。我被评为"优秀学生干部""优秀团员""法学领袖新星"。我还经常参加社会实践和培训活动。2016 年，我作为班长参加了北京理工大学班团干部培训活动；2018 年，我代表法学院学生干部参加了北京理工大学学生骨干暑期培训，并开展了社会实践活动。此外，我积极参加寒暑假社会实践活动，在实践中提升自己。2017 年 7 月，我参加了一个短期交换项目。

正是前三年的积累，我被顺利保研到了北师大刑科院。

灯塔与远方

大四，我有了更多时间去找寻心中的灯塔，聆听梦想的远方。结束升学考试后，我的生活目标不再是去到理想的大学了。我有了更多安静的时间去看展览、演出，去自己喜欢却又一直没时间去的地方。我开始学习断舍离，判断事物的价值、对健康的影响和取舍的利弊。在逐渐放下时，一些意料外的期待也慢慢到来。大四上学期，我获评国家级奖学金，参加的模拟法庭获得省级一等奖，还顺利得到了合适的实习机会。

因为疫情影响，寒假后我在家待了相当长的时间，原定计划也一再被取消。但是，我有了更多时间去陪伴家人和总结得失。疫情告诉了我世事无常，要时刻做好充分的应对准备。疫情也教会了我如何应对全社会突发性的紧急状况，让我未来不至于手足无措。身体健康、保研结束和家人工作稳定给了我最大的心理安慰。万众一心、驰援武汉的新闻让我为生在中国而骄傲。疫情给社会造成重创时，生机也会出现在沉舟前。

即将毕业的我，远方在哪里？如果是现在的我会回答，明天就是最近的远方。不再思考未来，而是脚踏实地做好现在。时间会回答成长，成长会回答梦想，梦想会回答生活，生活会回答你我的模样。目前我最大的目标是顺利毕业，以及努力通过今年的法律职业资格考试。

我的人生理想一直没有变过，做一个对社会有帮助的人，用自己最喜欢的方式为社会做贡献。既是法学生，研究生方向又选择了刑法学的我，无论是法庭中维护正义还是学堂上娓娓道来，都是理想的职业。

为做合格的北理工法律人，实现自己的人生理想，我会在研究生阶段继续锻炼自己。我热爱刑法专业，愿意将它作为终身努力的方向。研究生阶段我的学习计划是积累专业知识，协助老师研究课题，确定自己感兴趣的领域，最好取得一定的研究成果。此外，我会继续加强英语学习，提升科研能力。硕士期间，如果能取得导师的认可，我希望攻读博士学位，继续做刑法方面的研究。研一阶段我的主要目标是打基础。我将认真学习课程，阅读相关的书籍文献，追踪国内外研究热点，参加尽量多的学术活动，培养研究兴趣。研二阶段我会继续努力学习，同时希望结交更多的良师益友，在相互学习、交流的过程中拓宽眼界。研三阶段我的主要目标是出成果。希望通过研一、研二阶段在知识及写作技巧方面的积累，可以完成一篇优秀的毕业论文，可以在自己选择的科研方向深入研究并取得一定成果。

我的大学四年

外国语学院　袁欣悦

时光荏苒，光阴像沙从指缝溜走。转眼间，大学生活已经接近尾声，四年时间转瞬即逝。2016年的夏天仿佛还在眼前，带着录取通知书第一次走进大学校门。四年前，我第一次离开家，带着大大小小的行李和满心的期待来到陌生的城市，开启新的征程。如今这段旅程即将结束，我又将前往新的城市，迎接人生的下一阶段。在这篇标志着大学生涯即将结束的德育论文里，我将记录下大学四年中印象最深刻的片段，以及我的心得体会与反思。希望能将这篇文章献给我的大学时光。

回忆

1. 军训

说到大学四年印象最深刻的片段，首先想起的就是四年前的军训。虽然在小学和初中都接受过军训，但是大一的这次是最令我难以忘怀的经历。长达一个月的军训时光是整个大学生活的开幕式，也像是下马威。盛夏的北京酷热难耐，午后饱受阳光烤炙的塑胶跑道和人工草地那滚烫的触感，以及向上蒸腾的暑气仿佛还清晰地留在脑海里。每天清晨的跑圈，白天紧锣密鼓的训练，匆忙的三餐，傍晚的拉歌比赛，湿透的迷彩服，教官的声音，日子就在这样一天天的重复中过去。第一次离家的不适应撞上军训，让那一个月显得更加漫长。当时最憧憬的事情就是期待军训快些结束，早点步入学校生活的正常节奏。虽然在当时看来，军训的那段日子并不是那么令人开心。现在回顾却发现，军训是我整个大学四年中作息最规律的时光。我可以每天早晨五点起床，晚上也因为疲劳早早就入睡。这样高度自律的作息时间表在我的大学生涯中实属珍贵。此外，军训的高强度和快节奏也迫使我尽快地忘掉想家的情绪，融入新的环境。而当我逐渐熟悉军训的节奏，那一切好像也不再显得那么枯燥乏味。军训让我和同寝室来自天南海北的同学有了共同话题，因为共同的经历迅速拉近了彼此的距离。在训练时我也有机会能认识到别院的同学，他们成为后来我大学认识到的第一批新朋友。有了军训的衬托，后边的大学生活无论如何都显得更加轻松愉快、缤纷多彩。不管当时怎样希望尽快结束，军训的这段时光都为我大学生涯落下了难以忘怀的一笔。

2. 社会实践

第二个印象深刻的片段在大二的暑假。那年暑假我随同院同学前往武汉进行东湖生态调研的暑期社会实践。早就听说武汉有"火炉城市"的称号，七月份的武汉更是不负盛名。我们住在市中心光谷的民宿，白天前往东湖的不同区域进行实践活动，晚上做水质检测，记录数据。组长是武汉当地人，且和本地志愿团体很熟悉，我们的实践活动得到了当地水质志愿者组织和有关部门的大力支持，不仅带领我们参观，讲述东湖治理的历史，还教授我们如何进行水样抽取和水质检测。我们的实践活动也得到了武汉当地媒体的注意，被多家媒体报道。虽然天气炎热，实践辛苦，但我们也取得了优秀的成果，最后被评为优秀实践团队。在这次实践活动中，我与同学一起学习了水质检查过程与环境保护的重要性。对于我来说，环保不再是浮于书面的几个字，而是切实的亲身体会。此外，在这个过程中我也体会到了团队合作的重要性，大家合理分工，各展所长，最后才能取得圆满的成果。实践中我印象深刻的活动还有在东湖公园散发问卷，它让我学习了如何与人沟通，更好地达到自己的目的。与朋友一起进行有意义的活动也是美好的回忆。当工作结束，我们在民宿里吃烧烤、看电影、谈天说地的时光又仿佛让白天的辛苦变得不值一提。那也是我第一次去武汉，这个城市以它横冲直撞的炽热给我留下了深刻印象。盛夏超高温的地表、急转弯的公车、清幽的东湖和五光十色的夜市小吃都仍然历历在目。在今年初武汉暴发新冠肺炎疫情，电视里的武汉的沉寂与当时我所看见那生龙活虎的城市恍若两般。好在现在城市已经苏醒，一切也在逐渐步入正轨，武汉一定能够重归往日的热闹和光彩。

3. 保研

第三个印象深刻的片段是在大三升大四的暑假。又是一个夏天，那一整个暑假我留在北京，参加各个学校的暑期夏令营，担心着保研的排名。相比起前两段经历，保研的波折带给我的更多是教训和反思。在保研这长达数月的折磨和跌宕起伏中，我深刻地意识到自己在目标性和方向感方面的薄弱。因为缺乏目标性，许多该准备的工作没有做，导致最后只能得到不符合预期的结果；因为没有方向感，在缺少鞭策的情况下容易出现倦怠和侥幸心理，导致和目标擦肩而过。因为自己性格过于被动，最终只能陷自己于被动的境地之中。除此之外，在申请夏令营、准备材料的过程中，我也发现了自己许多方面能力的不足。比如缺少时间观念、详细规划、做事不细致等，导致整个申请季都在提心吊胆中度过。所幸的是，在那段艰难的日子里还有很多支持、关心我的人在身边，给我关爱和鼓励。每次回想，都特别感谢我的老师、同学、朋友和家人，他们给予了我太多建议、帮助和陪伴，让我明白无论如何自己都不是一个人在孤军奋战。与此同时，那段特别的经历还让我明白了一个道理，不论什么时候人生的道路都不止一条，不需要对未来有过多的预设，因为事情总会出现各种各样预料之外的变化，或是柳暗花明的转机。而我能做的只有做好手边的事情，迎接所有不一样的风景。

其实这三个片段已经涵盖了我大学四年的不同阶段——从初入校园的懵懂，到毕业时已经有种种过往可以回味。其实除此之外，还有太多可以细数的记忆碎片，比如带领留学生参观图书馆，与志同道合的朋友一块筹备元旦晚会，在外教的宿舍准备圣诞礼物、烤曲奇饼干、做意大利面。我被选中成为北京格莱美音乐节的志愿者，在后台负责外籍艺人的接待和引导，不仅感受到了音乐节的现场氛围，近距离接触了许多音乐人，还认识了许多兴趣相投的朋友，留下了很多快乐的回忆。我还参加学校组织的外研社实习，坐在办公室体验朝九晚五的生活。每一次精心准备的课堂展示、辩论演讲，第一次收到奖学金，第一次跑一千八百米体育长跑考试，参加外教的 office hour 练口语，配音比赛一等奖……太多事情看似只有短短几句话，里面却是满满的回忆。

总结

身为一名北京理工大学的学生，我时常感到十分幸运，十分感谢母校为我们提供的足够优秀的平台、优美的校园环境、丰富的学习资源和优秀的师资。四年中，我遇到了优秀的老师和同学，他们陪伴我度过大学时光，鞭策我不断成长。相信毕业之后，我也还能时常回想起北湖的天鹅、校园里的装甲车、清真食堂的黄焖鸡米饭、七食堂的铁板烧、秋天的银杏叶、座无虚席的图书馆，以及每晚都陪着辛勤耕耘学子的信教教学楼。母校的每处细节都已经融入我的记忆，都刻入我的生命。"德以明理，学以精工"，将继续作为格言，在今后不论是求学或是工作中约束和要求着我不断提高和修炼自己。

因为 2020 年的疫情，我们不能拥有属于自己的毕业典礼和照片，也无法组织毕业聚餐。这应该一直会是我的遗憾,不仅因为缺少了一些所谓的仪式感,更因为毕业之后一起相伴四年的同学、朋友就要出发前往人生的下一阶段,或许在天南,或许在海北,今后什么时候能再次相聚可能已遥遥无期。尽管如此,但是我还是相信我们对于彼此美好的祝愿会留在心里,作为我们共同的母校,北理工也会一直为我们这群远航的学子祝福。对于我来说,即使没有现场的仪式、鲜花和学士服,但在这四年中收获的点点滴滴和心路历程已经是大学给予我最好的礼物和毕业典礼。和四年前初次踏入北理工校门的我相比,现在的我已经成长了许多,学着一个人处理各种事情,面对不同的情况。最重要的是,找到自己的方向,为自己的人生做出选择,并承担起相应的责任。我感谢一路上遇到的同伴、给予我帮助和指点的老师,也感谢一直向前走的自己。

大学的学习生活给我的人生谱写了一段美妙的乐章。它是生动的，更是多彩的；它是实实在在的，更是充满能量的。明天的我将会继续努力起帆远航。

第三篇　青春行

梦想时分

宇航学院　季耘鹏

四年，对一个人来说，意味着什么？

它意味着四度春秋冬夏，见过春日的柳絮，也惊叹过秋天的银杏；它意味着两个校区，从良乡到中关村，从阳光北大街到魏公村；它意味着两个国家，从北京到莫斯科，从汉语到俄语；它意味着我人生中最难忘也最有意义的四年。

现在，我站在大学第四年的末尾，回头望，来路弯弯曲曲，有平坦之途也有荆棘坎坷。而这些，造就了今天的我。

读过的书和见过的人

1. 最初的梦想　大一和大二

2016年8月末，经过两个半小时的高铁，跨过534公里，我来到北京，开始自己的大学生活。距离中关村校区38公里的良乡校区被大家戏称为"良乡理工大学"，收到的快递短信也时常会写成"河北理工"。而正是这样一个地方，承载了我大学最初两年的梦想和经历。

初入大一，我面对的不再是家乡小城的熟悉面孔，而是全国各地的同学，这意味着不同的价值观、人生观，也意味着不努力就被淘汰的事实。我懂得"笨鸟先飞"的道理，因此，我发奋学习。大一第一学期，一下课我就回宿舍完成作业，每晚必定预习；大一第二学期，更是每天常驻图书馆。在我的努力下，成绩还算过得去。

大二是我认为最忙碌的一年。这一年，不仅课程难度加大，科目作业增加，我还留任了学院新闻中心担任部长，课余时间有许多学生工作要做。所以，大二几乎每天都被各种事情占满，既要考虑自己还没太看懂的知识，还要考虑学生工作的安排，常常忙到深夜。繁杂的事务占据了我的课余时间，因此我的成绩在大二上学期有所下滑。好在大二下学期我及时醒悟，成绩又有了一点提高。也是在这一年，我正式进入北京理工大学赴俄罗斯莫斯科鲍曼国立技术大学的留学项目，开始学习俄语。

2. 中关村的日子　莫斯科的生活

大三搬入中关村，氛围一下子就变了。在良乡的日子，考虑最多的是考试、学生工作和作业，但到了中关村后，几乎大家每天聊的都离不开考研、保研、出国等话题。同学们手里拿着的书也渐渐出现了 GRE、TOFEL 等字眼。这无形中给我增加了许多压力，我开始认真考虑自己是否能保研、是否真的要出国留学。同时，所学课程也从基础课变成了专业课，难度增大，消化起来很吃力。我只能课下找时间，自己慢慢啃书，不懂的向同学和老师请教。

2019 年 9 月 5 日，我来到莫斯科，开始了自己的留学生涯。这一年里，我学习了俄语，学习了专业知识，经历了迷茫，也经历了孤独。留学的日子并不像很多人说得轻松愉快，它是平淡的，甚至是有一点苦的。所幸，我遇到的老师大都善解人意、循循善诱，给予了我巨大的帮助，也让我顺利通过了毕业设计的俄语答辩。

关于留学的日子

1. 初识

2017 年夏天一个普通的中午，我从食堂出来，见到对面关于赴俄留学的宣讲帐篷，就上前去了解了一下情况。当时只是觉得"出国"这个词很有吸引力，加之我对语言有一定的兴趣，于是和同学报了名。当时的想法是，如果我最后没有出国，那么学了一门语言也不是什么坏处。但没想到，我是当初报名的同学中为数不多坚持到最后的人之一。

大一暑假，我在家开始上网找俄语免费课程，边学边做笔记，跟着发音，读课文。"笨鸟先飞"的道理告诉我，应该多下功夫，才能学好俄语。一节不到半小时的课我能听一个小时，每每没听懂或跟不上的地方，就按下暂停键，一节课下来不知道暂停了多少次。一边听课一边记笔记的日子就这么过了两个月，等到暑假结束时，我已经看了四五十节课，记了三本笔记了。

大二开学，第一节俄语课，理教的大教室里坐满了人。报名项目的有 120 多人，来自北理工各个学院，大家都抱着出国留学的念想。从此，每周两次的俄语课我必不缺席,这一上就上到了大三下学期。从选择学俄语那一刻起,我的课表就永远比同学多一节俄语课,并且这门课并没有学分;每学期期末,除了准备专业课考试,我还要准备俄语考试。

2. 艰辛

从大二开始,我每个寒暑假都要留校集训一段时间。每个寒假,都是在春节前两三天才回到家;暑假在家待的时间更是少之又少——大二暑假只在家待了5天,大三暑假只在家待了两周。寒假,学校的食堂大多关门了,我们就简单吃一点,回教室继续看语法;暑假,吃完午饭回到教室小憩一会儿,继续看单词。出国的道路是艰辛的,也有过想放弃的时候,但"再看一点吧,再记一个单词吧"的想法,让我撑到了现在。

现在,在莫斯科回望这三年,我依然觉得很值,付出的努力都没有白费。当初报名项目的120多个人,到现在只剩下19个人。那个夏天在家里看网课的我,寒假、暑假和外教对话的我,每周两次晚课上俄语课的我,终于梦想成真,站在了俄罗斯的土地上。第一次外教来带课,我连一句完整的话都说不出来,而现在我再见到她,已经可以和她好好聊一聊莫斯科了。

我很庆幸这样努力的自己,更庆幸自己没有像大多数人一样,半途放弃出国。

学生工作和爱好

大一入学,抱着对学生工作的兴趣,我加入了校记者团、学院新闻中心、微尘志愿者协会、校学生会等许多组织。多个学生组织带来的后果就是占用了课余时间,势必导致几个学生组织中我的边缘化。因此大二我只留任了学院新闻中心的职位。对摄影和后期剪辑的兴趣让我留在了技术部担任部长,承担学院宣传工作的同时,也为自己的课余时间带来调剂。

大一暑假,我拥有了自己的第一台相机,这是我培养摄影兴趣的开始。我带着它爬过楼,登过山,去过博物馆,见过各色各样的面孔,也为学院宣传工作出了很多照片和视频。很多人说,学生工作就是干苦力,但这三年里,我得到的不是"苦",而是发挥自己特长的满足感,完成一个项目的自豪感,以及把工作和兴趣结合起来的愉悦感。在这个过程中,我也提升了自己的技术,结识了很多厉害的人,扩大了交际圈。因此,来到莫斯科,我也加入了鲍曼的留学生会和留俄学生总会,希望通过自己的努力,在里面发光发热。

但行好事，莫问前程

四年，意味着什么？

大一的时候，我每个周六早上从食堂出来都喜欢到南校区转一转，看着那些等校车的老师和同学，那时候中关村校区对于我来说还很陌生。春天的风吹在脸上很舒服。

大二的时候，我喜欢周末到理教天井的咖啡店做作业。点一杯咖啡，吹着天井里的风，不管是材料力学还是英语都能耐住性子看下去。

大三的时候，我喜欢走信教前的银杏大道，黄黄的叶子铺在路上美极了，一路走到国防科技园附近，买一杯奶茶享受美好的下午。

大四的时候，我喜欢在莫斯科漫长的冬日里看着外面层层积云和远方街道的彩灯，想着自己以后的方向。

是的，环境改变人，人也在不断成长。大一和大二的我，有足够的时间享受一切，感受一切；大三的我，也有闲情雅致忙中偷闲，一杯奶茶就能满足一下午的多巴胺；而在大四的我，明白自己始终是个过客，正如窗外流动的云，想着自己的以后，才能对得起自己的从前。

大学四年，学到了很多，遗忘了很多。今天下午翻看自己的老照片，看到自己高三时候写的蠢蠢的诗，蠢到每一行的字数都一定要是质数。思绪回到从前，那时候的我，并不知道自己会考进北理工，和怎样的一群人度过四年；同样，刚进北理工的我，也并不知道自己之后会出国读研，说着一口俄语；现在的我，也不知道自己以后会做着怎样的工作，和怎样的人共事。但正如马丁·路德·金所说："今天我们所受的苦痛，虽然解释不通，但是到了那一天，我们就会明白的。"

我常常想，如果能够回到过去，我应该回到哪一天？应该是高三的时光，那时候每天的日子只有刷题，单纯而美好；但好像又应该是刚入学的时光，那时候课程不难，还有有趣的学生工作锻炼自己；又好像是刚来中关村的第一个学期，冬日里中关村的清爽让人欲罢不能。但我最终明白，与其回到某个时刻，不如过好现在——把每一刻都过好，过得有意义，将来回首往事才能明白，每一刻，都是值得回去的那一刻。

好友说，present is present。起初我以为他是让我珍惜当下，但后来我才明白——现时正是最好的礼物。

经历四度春秋，见过北京的繁华和异国的风情，我不再是当初那个初入北理工的少年。过去的无数经历造就了现在的我：一个在异国求学、就读工科、热爱语言文字、喜爱摄影、有剪辑技巧的我。我清醒地认识自己，也清醒地知道自己想要什么。窗外吹来莫斯科的夏风，一如以往无数个夏夜如水。明早起来，又是阳光明媚的一天，而我也必将行走在属于我自己的路上。

但行好事，莫问前程。

我在北理工的三门人生课

宇航学院　张旭东

时间如白驹过隙，在北理工的四年匆匆而过。这四年间，北理工给予我太多的选择与机会，我也在其中逐渐探索出一条适合自己的路。一路上，有很多温暖善良的人，也有很多值得纪念的事，人与事的交错构成了我大学四年生活的独特纹路，如今回望过去，发觉这些回忆已然在我的脑海熠熠生辉。在北理工，这些回忆塑造了现在的我，我在经历这些人与事的交错之中逐渐看清我的成长线索，可以用三个词来概括——选择、经历、改变。

选择

我的大学生活第一课，就是要学会独立做选择。从2016年夏天的军训开始，我就已经进入了完全区别于以往的独立生活状态。这种生活中的我，会面临各式各样的选择，比如是否要在军训中加入阵列展示方队，是否要加入学生社团或者学生组织，选择校学生会还是院学生会……也有很多细小的选择，错落于我的生活细节，比如如何制订自己的每日计划，每天该如何作息，一日三餐怎么安排，生活费该如何分配与消费，是否要尝试理财……这些大大小小却又覆盖我生活方方面面的选择充斥了我的每一天生活，而我，则需要一个人为这些选择画上句点，初步展现我对于自己的负责与规划。回望四年的各种选择，我最为纠结的是这几个选择：要不要加入学生会？专业分流选哪个方向？要不要加入芝兰成长计划？是考研还是就业？

这几个选择的结果产生的影响覆盖了我整个大学生活。从选择加入学生会开始，我便从另一个维度认识了北理工，也认识了自己。在以往的初高中学习生活中，我是完全没有参与过学生会工作的，所以大学的尝试对我来说既是突破也是机遇。大一的时候，我加入了院学生会体育部，作为一名干事，协助几位部长组织篮球赛、运动会等活动，并主动承担了篮球赛的策划和筹办任务。这个过程中，我第一次感受到被信任的踏实与实现目标的成就感，这份感觉完全不同于我前十二年的求学经历，就好像我尝到了一块从未见过却又无比好吃的糖果，那份满足让我看到了自己的价值。也是从那个时候起，我渐渐发现，北理工给予我的不仅仅是求学路上的宽广平台，还有像学生会一样可以施展自我的多维空间。我在北理工，不仅仅是通过学习矢志报国，还可以完成一系列学生工作的事务来实现自我的价值。所以，怀揣这份信念，我在大一的暑假毅然决然地选择留任学生会体育部部长，继续为学院的体育活动出谋划策。大二的暑假，作为院学生会主席，我开始以一个全新的视角看待学生工作以及我个人的前途发展。那一年恰逢学校推行书院制，面对改革，我一马当先，主动选择加入精工书院学生会的建设与运营。在各大书院"开荒拓野"的第一年，我和同学为精工书院学生会建立了完整的部门体制和完善的规章制度，并在第一年策划举办了众多出彩的活动，为书院同学的第一年北理工生活提供了耳目一新的见闻和体验。学生会，伴我四年，我之于它，亦如此。如今的我已然临近毕业，即将赶赴人生的下一站，但学生会给予我的一切是我永远的宝藏，是我一路前行的底气和动力。

对于专业分流和考研的选择，实质上是我对于个人前途发展的二次认知。大一加入航空航天类的大家庭，对于我未来的职业发展还不够清晰，随着专业学习的加深与知识面的拓宽，我渐渐了解到本专业的发展方向和目标。大二选择飞行器动力工程，大四选择在这个方向攻读硕士学位，就是因为我明确了自己的发展方向，即投身于国防建设。

加入芝兰成长计划，是我对个人舒适圈和交际圈的突破。即便在我专业学习十分忙碌的大三阶段，我还是决定加入芝兰成长计划，去突破自己以往的思维模型和认知模型。经历了一个月的面试遴选，我终于如愿以偿进入芝兰大家庭，在这里，可以和不同专业、不同年级、不同阅历的同学深入交流，大家无私地分享经验与方法，我们则定向吸收，形成自己的武器库和方法论。不仅如此，我还选择主动加入芝兰的运营之中。在这一路上和众多已经毕业的优秀北理工校友交流学习，收获颇多。

总而言之，这几个重要的选择深度影响了我一路的成长与发展，我也因为这些选择而走出了一条独特的大学之路。

经历

遍历山川，看得花开。四年间，北理工生活给予我太多耳目一新的经历，这些经历从多个维度促进我的成长与提升，促使我逐渐完善价值观，形成自己的方法论。

这四年的学习和学生工作经历主要从这几个方面带给我成长：经验积累、习惯养成、能力提升。

从一个懵懵懂懂的学术小白，到顺利完成毕业设计的大四学长，一路上我学习了很多专业知识和软件应用，真正意义上实现了手脑共用、理论与实践相结合。当然，这其中离不开导师与学长、学姐的指导与帮助，他们总会在我遇见难题而犹豫不定时提供建议，助我打开思路，从而初窥学术门径。

从一个不知什么叫策划的萌新学弟，到组织筹办了多次大型活动的学生工作热爱者，一路上我积累了太多的工作经验，并练习了很多可迁移技能。无论是做策划、写文案还是活动的落地实操，现在的我处理起来都游刃有余。这份能力不单单是通过自我锻炼而形成的，更要得益于太多学长学姐对我的耐心指导。同时，北理工丰富的平台资源也给予我无限施展的空间。

从一个站在台上不知该如何表达的青涩少年，到现在无论什么场合都能落落大方、耐心表达的沉稳青年，一路上我不断尝试在大众面前发言，小到学生会例会，大到学院活动，每一次我都把握机会，视为历练。

此外，四年间我最看重的是自己的方法论，这套方法逻辑不仅仅用于学术、学习，更能在各项工作中施展开来，且收益颇高。这个方法论就是学习—实践—复盘的循环，做一件事的起步一定是通过某些渠道的学习，可能来源于书本，或来源于人，继而要将这份知识转化成自身的能力，则需要实践这道桥梁。实践是检验真理的唯一标准，通过实际操作，我们可以看到理论与实践的差异性，继而为下一次的实践找出不足、积累经验。最后，一定要有复盘总结的过程，一切行为都需要复盘检查，是否得当合适，是否还有可补充和完善的空间，通过复盘便可以进一步将经验牢固话，真正意义上将知识转化为自身的能力。在此之后，便是继续学习—实践—复盘的循环，往复如此。

这套方法论的成功试验便是我考研的经历。虽然真正着手考研时间仅有90天，但是我严格遵循这套方法逻辑，制订学习计划后严格做好每日学习与复盘，定期总结不足，并及时调整学习计划，做到日日新、月月新。方法的科学性能弥补时间的不足，最终的考研结果也印证了这一点。

此后，我也将继续实践这套方法论，希望对于我的学术研究生活也有所裨益。

改 变

四年来最大的改变，就是我对于自己的认知更为深刻。大一的时候，我只是想着快点适应这里的生活，而无暇他顾。大二的时候，我一心想在学生会释放光芒，而导致工作与学习失衡。大三的时候，我想挑战自己的多任务处理能力，并充分利用资源开阔视野。大四的时候，我想考研深造，为自己的未来交上一份满意的答卷。四年间，目标不同，努力的方向不同，但改变这件事，确有发生。正是因为我每一年对于自己的认知发生了改变，从而目标发生改变，继而实现目标的途径也不同。

此外，改变还存在于很多身份标签之中，从一个简简单单的高中毕业生，到学生党员、学生会主席、飞行器动力工程专业学生、芝兰成长计划学员……这一系列标签记载了我在北理工的点点滴滴，以及我成长路上的每一刻光影。

结 语

"德以明理，学以精工"。临近毕业之时，愈加觉得北理工校训其意更真，其力量更强。四年的北理工生活，给予我"人"的完善与"我"的认知。一路上，不仅收获了漫漫回忆，更有情谊深厚的朋友，正是因为北理工的纽带，将我们牢牢系在一起，不怕孤独，不畏独立。

今年是我们的毕业季，也正值北理工建校80周年，祝愿母校越办越好，北理工人不忘初心，乘风破浪，永远向前！

青春只有一次，请别辜负

机械与车辆学院　薛博丰

当我怀着激动的心情写下这行文字的时候，我的大学四年时光已经悄然结束。昨晚与大家共同在荧幕前收看了毕业晚会，晚会结束的那一刻也第一次真真切切感受到了真的到了说"再见"的时候。回首这四年，我从初入象牙塔时的迷茫、好奇、憧憬到如今离开校园时的坚定、自信、从容，经历了奋斗的汗水，也收获了成功的喜悦。谨以此文来纪念我最美好的青春。

学生工作

1. 担任班长

军训快结束的时候，我做了大学生活的第一个重大决定，也是我从不会后悔的一个决定——竞选班长！因为刚开学，各项工作都要开展，军训累得虚脱的时候，因为忙于班级工作甚至都没能睡过一次午觉。但是每次找同学们统计信息的时候，一句"班长辛苦啦"，这时疲惫的身体好像又突然间注满了活力。我担任了四年的班长。这四年中，我和很多同学都有了深厚的感情，学会了组织活动、班会，在宇超的帮助下也建起了我们"地表最强机械五班"的公众号。我最自豪的一件事，就是当初在班里开创了"生日趴"。进入大学前，听很多人说大学的班级没有凝聚力，我偏不信。我觉得只要我们想，我们一定可以做到比高中班级还有凝聚力！想什么办法呢？我们收集了全班同学的生日。在每个同学过生日前，其余所有的同学都会悄悄准备一份小礼物，大家还会一起买一个蛋糕，等生日当晚，全班同学都聚在寿星的宿舍里准备惊喜，大家纷纷献上祝福，欢声笑语响彻整个楼道。除了"生日趴"，班级还组织了多种多样的活动，如班服班徽设计大赛、辩论赛、篮球赛、健走活动、包饺子等。在班级同学的共同努力下，我班24人有8人保研，保研率高达33.3%；荣获2019年北京理工大学优秀班集体、2020年共青团北京理工大学优秀团支部；拥有党员 5 人；多人担任校级院级学生组织负责人——北理工社联副主席、学院科协副主席、延河之星副队长、校团委团校校长助理、学院新媒体中心副主席等；累计志愿时长 700＋；"世纪杯"、机器人创意大赛等竞赛获奖……

2. 加入社联

北理工社联是我大学四年难以抹去的一个关键词，太多的故事发生在这里：从第一次去 CBD 拉赞助时的紧张忙乱，到后来在半岛广场和赞助商游刃有余地谈判；从第一次参加例会时的羞涩，到后来在数百人的大会上侃侃而谈；从不知道怎么搭好一个帐篷，到担任校级大型活动的总负责人。

大一上学期，参加"大学道"电影式主题晚会时，发现原来晚会还可以办得这么有意思。大一下学期，以负责人身份参加北湖音乐节的筹办，连续一个月早六晚十二，除了学习基本上投入了全部的精力在北湖音乐节上。当乐队主唱结束时喊出"这是全北京最好的高校音乐节"，我感动得流下热泪。大一下学期，作为全国大学生音乐节北理站的总负责人，由于人手紧缺，我几乎亲自参与了每一个环节，场地的布置、选手的选拔、推送的制作、赞助的反馈，几乎事无巨细，也因此为活动争取到了数万元赞助；在音乐节现场一人对接了十余个帐篷的赞助。大二上学期，我成功当选主席团助理，第一次体会到作为高年级的学长应该如何带好低年级的学弟学妹，并且承担起管理社联的责任；第一次作为总负责人举办社团巡礼，八十余家社团井然有序地完成一整天的活动。大二下学期，作为总负责人举办社团骨干培训，为社团换届奠定基础；接手社联论坛 App 及网站，成功恢复运营并开拓新板块。大三上学期，当选副主席，组织开展社联故事项目，追溯社联的前世今生，梳理社联历史文化。

在社联，我遇到了很多对我成长有很大帮助的学长、学姐，以及同届的好朋友。拥有有趣灵魂的方晴学姐指引我做自己真正喜欢的事情；谈赞助和说话一样轻松的张岩教会我如何沟通；像太阳一样照耀着我们的键镔主席给予我多方面的思考启迪；对自己要求极度严苛的潇元学姐是我前行的榜样；宇辰、雨霖、盈池、才栩、汉森、子齐是我并肩作战的伙伴……

社联在我心中不只是学生服务中心 308 那个房间，更是家的代名词，是累了可以休息，有欢乐可以分享，有困难有人分担的地方。在这里我可以把我的想法、我的创意实施，而且没有人会因为我的失误去责怪。有无比优秀的学长学姐指路，有永远站在我身边的兄弟姐妹。"专业、激情、沟通、利他"也将会一直作为我的行动指南，陪我在今后的路上一直走下去。

学习科研

学习是学生的第一要务,如果有机会让我重新选择一次,我一定会更加努力地学习。大一上学期,凭借高中的底子,成绩勉强过得去;到了下学期,还想当然地认为自己可以靠考前突击获得不错的成绩,但是微积分和大学物理给了我当头一棒,六十多分的成绩第一次出现在我的成绩单上,让我脸红得无地自容。不过也感谢这一次的打击,让我从大二上学期开始重新调整心态,每天上课坐第一排认真听讲,下课立马完成作业。主动担任课代表,有问题就缠着老师问,逐渐成绩取得了明显的进步。这一习惯也一直保持到毕业,并在毕业前实现了单学期纯成绩第一的目标,也成功取得保研资格,继续在本校读研。我会坚持这一习惯,在科研道路上坚定不移地走下去。也因为自己的努力,获得了一等奖学金三次、二等奖学金三次、三等奖学金一次、法士特奖学金三次;获得北京市先锋杯优秀团员、校优秀团员、校优秀团干部、校优秀学生、校优秀学生干部等荣誉称号。

社会实践

除了在校认真学习,走出校门进行社会实践也是大学生活不可或缺的一部分。学校给我们提供了很多机会,只要想做的几乎都能实现。大学期间,我参加过周杰伦演唱会的志愿服务,服务观众的同时自己也能现场聆听;连续三年参加了"温暖衣冬"志愿服务,为贫困地区的老人送去温暖;作为队长带队返回高中母校做宣讲,向学弟学妹分享经验,答疑解惑,并获得思源计划三等奖;代表学院前往香港理工大学、香港大学、香港科技大学以及澳门大学进行交流访问,对于香港和澳门的大学办学情况有了更深入的了解,从而反思我们能在哪些方面更进一步;参加了机械与车辆学院暑期夏令营志愿服务,为外校参加我院夏令营的同学提供帮助,让他们更好地了解我院;参加了男篮世界杯决赛的志愿服务,亲眼见到科比、姚明等梦里都想见到的球星,也算是了却自己的一个心愿;参加校庆志愿服务,为校友返校活动提供帮助……

利用大学假期,多出去走走看看,开阔眼界,也是大学生活中丰富多彩的组成部分。利用假期以及社会实践等机会,我带着妈妈、姥姥去北戴河看日出、捡贝壳,去天安门看升旗;和家人一起去苏州感受江南水乡的风韵,去徐州感受工业化的力量；和最好的朋友在武汉江滩放风筝，在黄鹤楼吟诗感受当年崔颢的心境；独自一人去浙江大学参加保研面试，和现场认识的朋友共游西湖、登雷峰塔；和女朋友在世界园艺博览会集章，在香山赏红叶，看雪后故宫，在北海公园划船……

感恩相遇

在北理工的四年，有太多太多要感谢的人。

首先要感谢我的爸爸妈妈以及所有支持和关爱我的家人，你们是我最强大的后盾，也是支持我前进的根本力量。

感谢在大学即将结束时遇到的女朋友，是你带给我如此幸福的生活，我将竭尽全力呵护你。愿未来，我们互相支持、相互鼓励、共同前行。

感谢最好的舍友何建国、胥成、周星野、王吉灵、潘鑫，在我骨折卧床的两个月里，是你们任劳任怨地帮我打饭、倒水、洗头，几乎成了我的看护人，对我的关心无微不至，如此恩情我将铭记一生。

感谢最好的朋友田喜水、高锐、李璞、许紫晨、唐凡懿、张芃怡、郭瀚之，与你们在一起的时光是最快乐、最无忧无虑的，祝我们友谊地久天长。

感谢每一个帮助和支持我的老师、辅导员。

感谢03021605班和03321604班全体同学的陪伴和支持。

感谢在北理工社联遇到的所有有趣的人和好玩的事。

……

追寻我的汽车梦

机械与车辆学院　杨明烨

岁月不居，时节如流。不知不觉间，四年的时光已经过去。大一的德育开题，让懵懂的我开始思考应该如何度过大学这个人生的重要阶段；而如今大学的生活已接近尾声，既经历了许多喜悦的瞬间，也挥洒了不少辛勤的汗水。专业分流改变了班级，所在的校区也由宁静美丽的良乡搬到了紧张热闹的中关村，但不变的却是不断求知的态度和那颗追寻汽车梦想的初心。

梦的起点

站在大学生活的终点上，回首来路，我依然可以清晰地看到梦开始的地方。从初二的第一本汽车杂志开始，我便与汽车结缘。直到高三，这种订阅几乎从未间断。从起初的辨车名、识车标，仅仅因为汽车漂亮的外形而欣喜若狂，到后来逐渐由外到内，了解了各种参数，知晓了不少原理，明白了汽车的技术发展历程。从1885年奔驰车的诞生到福特用流水线将汽车送进千家万户，从邓禄普的硫化橡胶到米其林的充气轮胎，从别涅狄克的安全玻璃到沃尔沃的三点式安全带……我渐渐知晓了在过去的百年，汽车从无到有，不断发展，改变了世界，也改变了人们的生活。在这不断深入的过程中，我对汽车的兴趣日渐浓厚，同时也生出了进一步探求的欲望，因此萌生出了以其为专业的想法。而北理工作为国内知名的汽车专业强校，为中国汽车工业的发展做出了卓越的贡献，自然也在当时的我心里留下了深刻的印记。高中三年的奋战，终于换来了来到北京理工大学的机会，而这里，也正是我追梦的起点。

追梦路上

1. 新的开始

第一次来到北理工的校园，初入大学的我心中怀着喜悦和激动，开始了这一段新的旅程。大学生活不同于高中，学习模式和学习内容都有了不小的转变。如何快速适应大学的生活，成了大一的我面临的一个难题。大学提供了丰富的学生工作和社团活动的机会，让生活拥有了更多可能性。丰富的课外经历无疑可以使自己的多方面能力诸如社交、管理、组织等才能得到锻炼，但这些活动也不可避免地占用了不少的时间，占用了较多的精力。作为大一的新生，我曾在多种多样的选择中不知所措，但很快我便明白多多尝试是有益的，但尝试之后的理性判断和取舍更为重要。大学生活的主调依然是学习，学会如何较好地兼顾课余活动与学习成绩，是第一年的生活中我最大的收获。

2. 多面发展

进入大二，专业基础课的学习成为重中之重。我一直保持着勤奋刻苦的学习态度，在课程的学习和实践上毫不放松，掌握了扎实的专业知识，培养了较强的学习能力。在我的努力下，我的专业成绩和综合测评成绩均名列前茅，也因此获得了本科生优秀学生奖学金、法士特奖学金以及校级"优秀学生""优秀团员"等荣誉称号。保持学习成绩的同时，我也注重专业技能培养，较为熟练地掌握了多种机械制图软件，为后续的研究学习打下了坚实的基础。而担任班级学习委员和学院朋辈导师的学生工作经历，也让我在帮助他人的同时提高了自己，更培养了责任意识和奉献精神。课堂之外，我也积极参加社会实践，在大二暑假获得了参加学院赴港澳实践团的机会。在香港科技大学、香港理工大学和澳门大学等多所高校参观交流，开阔了我的视野，锻炼了自身的能力。

除了课程的学习，大学也提供了各种各样的学习资源和学习途径，而这也恰恰让我追寻汽车梦想的道路更为宽广。课余时间里，我充分利用各种资源增进对汽车专业的了解，让自身的兴趣更好地与实际相结合。图书馆的丰富馆藏，让我接触到了大量的专业知识，对汽车的技术和发展有了更全面更深入的认识；通过选修现代汽车前沿技术等通识和专业选修课，我也对汽车的未来前景有了进一步的了解，可以从更专业的角度去发现汽车的魅力；而加入北京理工大学方程式赛车队的经历，更是让我近距离接触了汽车的设计和制造过程，不仅丰富了实践经历，更提升了自己的工程能力，真正做到了理论和实践相结合。

3. 初入科研

知识的积累是学好专业的基础，但更重要的是科研创新能力的培养。大三一年，我积极参与能源与动力工程专业的本科生导师制项目，从大二的暑假就提前进入实验室学习，在导师和学长学姐的指导下参与导师课题的研究工作。不同于课程的学习，科研工作要求的不仅是专业知识，更是自学能力和运用已有知识进行创新的能力。初入实验室的我，的确遇到了不小的困难。面对大量的中英文文献和陌生的领域，开始的阶段进展十分缓慢。大三的课程任务繁重，课余时间并不充裕，这更给我增添了不小的压力。但导师和学长的鼓励和帮助却如同夜空中的明星，给处于适应期的我指明了前行的方向。一篇篇文献阅读总结，提升的不仅是阅读速度，更是快速学习的能力；一份份修改的设计草稿，形成的也不仅仅是更好的方案，更是重视细节、一丝不苟的作风。而当最后自己的设计和想法被项目采用，并成功申请了一项发明专利的那一刻，我深深地体会到了艰辛付出之后做出成果的那份喜悦。在这之后，我又作为团队的答辩人参加了北京理工大学第16届"世纪杯"竞赛，并最终荣获特等奖。作为一个本科生，虽然自身的知识和经验还很有限，但在这些项目的参与中培养了良好的科研基本素养。

其实，本科生的科研并不一定要做出非常有价值的成果，换言之，过程比结果更为重要，尤其是在最初的阶段。在这一年的科研经历中，我也形成关于本科生科研的两点思考。其一是要克服怯懦，主动与导师、研究生学长学姐保持联系和沟通。只要主动与导师保持联系，导师都会乐于帮助你解决困难，不只是学习上的困难，更包括心理上的困难。其二是不能急躁，学会沉潜。钱理群在回忆他大学时的经历时，曾提及其导师王瑶的三次师训，并将其归结为"沉潜"二字，意为"沉得住，潜下来，沉潜于历史的深处、学术的深处、生活的深处、生命的深处"。而这"沉潜"二字，也同样适用于科研领域。以读论文为例，最开始读时我便面临不小的困难：一是接触比较陌生的领域，内容上不理解的地方很多；二是论文篇数繁多，有些无从下手。另外，英文文献还要克服语言的障碍。在学长学姐的悉心指导下，我开始针对重点论文撰写阅读报告和总结，并以项目为导向试着提取有用的信息。一步步的积累，不骄不躁的心态，可以说是科研中不可或缺的。

随着学习研究的深入，汽车在我的脑海中也不再是简单的概念，而是包含复杂知识体系和技术领域的工业产品，它的不断发展，正是依赖科研人员和工程师们的苦心钻研和努力拼搏。对专业了解得越多，在领域内走得越远，我也越能感受到专业的深度和内涵，追逐梦想的信念也就越发坚定。

逐梦远方

大四的一年，保研之后的我得以有了提前接触研究生专业领域的机会。

站在更高的角度，也对专业和行业的发展有了更深的认识。中华人民共和国成立之初，我们便在长春建成了一汽，就此奠定了中国汽车工业的基石。在那激情燃烧的岁月里，解放、红旗等一个个响亮的名字，是每一个中国汽车人的骄傲。改革开放以来，我国的汽车工业更是得到快速的发展，中国也成为全球最大的汽车市场。而在当下，新一轮的技术变革正在兴起，新能源汽车、无人驾驶技术以及智能网联汽车等新技术给汽车未来的发展带来了新的机遇和挑战。在这技术革新的关键时期，更加需要我们脚踏实地的钻研精神和敢为人先的创新精神。而作为汽车专业的学生，对汽车的那份热爱也更应转化为动力，为中国汽车工业的发展贡献自己的一份力量。

回首大学四年，一路走来，面临着诸多选择，而如何做出适合自己的选择，其实也是认识自我的过程。面对前方的未知，我们会不知所措，但不忘初心、辛勤付出，却无疑是最佳的选项之一。

未来的舞台很广，追梦的路还很长。古人云："为者常成，行者常至。"我相信对汽车的热爱，会成为我前进路上的不竭动力；我也相信不懈的奋斗，终能实现心中的梦想。

感悟成长

信息与电子学院　王玮琪

大学的时光转瞬即逝，回首望去，刚来北理工时的情景都还历历在目。从入学时对专业的一无所知到慢慢喜欢上这个学科，从对未来的迷茫到现在逐步规划自己的发展轨迹，四年的大学生活，我经历了很多，也成长了很多。伴随着自身的成熟，我对大学有了新的认识和新的感悟，也重新审视了自我，同时展望未来的人生，给自己确定了新的奋斗目标。

黑格尔曾说过："一个志在有大成就的人，它必须如歌德所说，知道限制自己。反之，什么事都想做的人，其实什么事都不能做，而终归于失败。"进入北京理工大学后，通过深层次剖析自己的性格、特长、兴趣，我把大学生活的重心放在了学习上，同时立足专业，广泛涉猎学科竞赛。四年来我的大学生活简单、忙碌。因为忙，我不得不合理安排时间，珍惜每一分钟，在有限的时间内做尽可能多的事。于是，我在忙碌中逐渐成长，人生也在忙碌中悄悄有了丰硕的成果。

学习中成长

我深知作为一名学生，学习始终是我们的首要任务，所以在学习上坚持踏踏实实，追求精益求精。课前做好准备，提前预习；课中认真听讲，积极思考；课后完成作业，及时复习。在学习的道路上，我踏踏实实，一丝不苟，自主、自助、自律、自信地学习，掌握学习知识的能力，突破分析问题的思维方式，培养和提高独立学习和研究的本领。一分耕耘，一分收获。我付出着，也收获着，在坚持不懈的努力下取得了优秀的成绩：获得一等奖学金五次，获得华为奖学金和迪文奖学金；以优异的成绩一次性通过大学英语四、六级考试，四级633分，六级605分；被授予三次"优秀学生"、两次"优秀团员"、校级和北京市级"优秀毕业生"的光荣称号。

竞赛中成长

1. 英语竞赛

从大二开始,英语就不再是必修课,选修也因为名额有限没选上,但阅读外文文献、发表科研论文都需要这个语言工具,它的重要性不言而喻。在没有了课堂氛围,周围又没有语言环境的情况下,我就通过英语竞赛来激发学习英语的热情和动力。每一次的竞赛准备阶段,都需要大量地阅读英文读物,并加强听力、阅读理解的练习。源于连续的各种训练,大学四年我从未间断过英语学习,并多次参加了英语方面的竞赛,获得全国大学生英语竞赛一等奖,全国英语阅读大赛校赛特等奖、北京赛区复赛二等奖,全国英语写作大赛三等奖。持续不断的竞赛不仅使我获得诸多荣誉,更使我的语言学习得到了有效延伸。在 TOEFL 考试中,我获得了总分 114 分、单项口语 28 分的好成绩,并凭借出色的口语表达能力,获得了百度安全国际峰会英语翻译志愿者的资格。

2. 信息安全竞赛

除了通识性的英语竞赛,我在专业领域也努力钻研。凭着对信息安全领域的热爱,我自学了计算机安全与网络攻防知识,并参加了学校组织的竞赛,在全国大学生信息安全竞赛个人挑战赛中获得两次一等奖。因为线上赛成绩优异,有幸被邀请和学校战队的同学组队参加了线下分组对抗赛,虽然只获得三等奖,但是在竞赛中完成了理论知识的实践与运用,在实战中展示了个人技能水平和团队协同合作能力。通过多次竞赛的磨炼,我的能力有了显著提升,与团队共同参加了"强网杯"全国网络安全挑战赛,获得 55/2859 名的好成绩,走出了一条自主学习和竞赛相结合之路。

3. 数学建模竞赛

数学建模竞赛是我大学期间不断坚持参加的比赛,因为它考验的不仅仅是掌握模型数量这种表面实力,更检验来自各个专业领域知识的内在实力。竞赛中对解题方法没有任何限制,可以用自己认为合适的任何数学方法和计算机技术加以分析、解决,强调创造力和想象力,从而培养创新意识和主动学习、独立研究的能力。我相信这种开放型竞赛不仅能够学到各方面的前沿知识、锻炼解决问题的建模思想,更能在与队友相互启发、求同存异、相互学习的过程中提升我的团队合作能力。

四年下来,我共参加了 2 次校赛、3 次国赛、2 次美赛。一次次的合作使我们更加了解彼此，解题也更加有默契。获得过校赛一等奖、国赛北京赛区一等奖、美赛一等奖的好成绩，但是比赛过程也不是一帆风顺的，有成功，也有失败，有欢笑，也有泪水。

2018 年国赛中，我们队伍使用遗传算法设计了 RGV 的最佳调度策略，由于是第二次参赛，建模水平和编程能力比上次有了很大的提高，特别希望能获得国家级别的大奖。因为求胜心切，所以反反复复地修改论文和摘要，力求精益求精，力求达到国赛一等奖的水平，直到截止时间前三分钟才提交，可是系统崩溃，交卷失败。赛后我们查看官方公布的答案，发现结果与标准答案相差无几，懊悔万分。懊悔的不是能力上的不足、欠缺，而是比赛心态，功利心、得失心太重。万幸的是我们三个人并没有灰心沮丧，反而越挫越勇，"再搏一次"的想法不谋而合。2019 年的国赛，我们克制住了好胜心，从容不迫地研究讨论、编程建模、提交论文，真正做到了与团队融为一体、与数学融为一体、与竞赛融为一体的境界。和以往成功的竞赛相比，这次不成功的参赛让我们获得了更大的成长，以前成长的是知识、技能，这次成长的是心态。心态比能力更重要。

4. 体育竞赛

学习之余，我把体育锻炼也提上了日程，运动可能是我比较喜欢的压力释放方式和与人沟通的方式。我希望自己不要封闭在自己的世界里，与人沟通和交往是促进身心健康的绝佳方式。如果忽略了人际交往的方面，而只是一味地学习，那么四年过后，可能会发现大学生活有些黯淡无光。只有重视自己的身心健康，保持健康积极向上的心态，才能支撑更好的学习和生活。在大二，我有机会参加了首都高校大学生体育竞赛，在和团队成员经过两个月的紧张备赛后，我们取得了集体自选项目（八卦掌）二等奖的佳绩。

对多领域竞赛的广泛涉猎不仅提升了我的能力，也使我获得了学科竞赛奖学金一等奖两次、二等奖一次。为了对专业知识和竞赛经验做系统的积累，我搭建了自己的 Linux 服务器，制作了个人主页和博客，一方面可以把解决问题的思路整理记录下来，方便日后查阅巩固，另一方面督促自己坚持用英文写技术博客，提高自己的专业技术写作能力。

实践中成长

1. 志愿实践

加入 CTF 圈不仅提升了我的专业能力，也为我提供了更多提升自我的机会。2019年6月,我有幸获得了担任全球顶级黑客大会DEFCON中国分会场(百度安全国际峰会)志愿者的契机。DEFCON是全球安全领域的顶级会议,被誉为安全界的奥斯卡。大会组委会在审核完每位志愿者的条件后,会综合考量分配任务,基本上一人一项任务。我的工作是中英文互译,基于对自己专业知识和英语水平的自信,以及多锻炼的想法,我额外申请了志愿时间不冲突的笔译,即翻译年度安全热点话题演讲环节的PPT,在外国嘉宾演讲时中英文PPT同步呈现。这项任务不仅需要扎实的双语基础,而且必须具备信息安全方面的专业知识。在紧张的两天时间里,我完成了4个演示文稿267页的翻译工作,对我来说既是挑战也是成长。

中英文互译是我的本职工作,在Workshop、Village、Demo Lab板块中,全球极客与现场参会人员会进行零距离交流互动,需要中英文互译来保证交流的畅通,我担任了口语翻译,全程辅助外国嘉宾与参会者的交谈。因为谈话内容不仅仅限于商务,更多的是学术交流,侧重于技术层面,因此我的英语水平和专业修养都有了极大的提升。

大会期间同步举行了BCTF大赛(百度国际网络安全技术对抗赛),大赛结束后,我毛遂自荐对获胜队伍日本队、韩国队、乌克兰队进行现场英文采访,询问他们对比赛的看法与建议,为下一年度大会的举行提供更多的参考素材。采访过程虽然有各国口音的小问题,但丝毫没有影响我们的正常交流。

通过这次的志愿活动,我扎实的专业知识和出色的英语技能得到了充分展现,会后不仅得到了组委会的一致好评,还获得百度安全和长亭科技的内推资格。在每个竞赛中,我获得的是单一能力的成功,这次的志愿经历收获的却是综合实力的成长,成长是更大意义上的成功。

2. 助教实践

在大二第二学期,我担任了中国大学MOOC平台Python课程助教,每天在线网络答疑,实时辅导与解答各种疑难问题,同时负责课程讨论区的维护和整理,及时把一些解决不了的问题反馈给老师,以便对教学的内容和进度进行必要的调整。半年的助教生涯,时间和精力上都付出很多,但收获也非常大,不仅巩固和强化了我的Python知识,而且提高了与人沟通交流的能力。

同时,我还参与了Python零基础入门课程混合教学方案改进工作,独立完成了120道习题测试,分析整理284份Turtle绘图作业,为教学方案改进提供了50多个入门案例。

3. 社会实践

校内实践可以让我巩固知识、增长才能,校外的社会实践则能够让我了解国情、关心社会。大二寒假,我用一周时间,采用随机入户走访的形式,对家乡冬季清洁取暖的实施效果进行了走访调查。这是我第一次真正地进入社会,靠自己的力量做一点事,第一次尝试去有意识地完成一个课题。这次实践活动让我体会了很多,从一开始的不熟悉、不了解,到最后形成一个完整的调查报告,我切身体会到了党和政府的惠民政策和人文关怀,发自内心地感恩伟大的祖国。

大二暑期,我和团队一行八人深入北京市石景山区八角北路社区养老服务驿站,实地调研居民养老现状,了解当前老年人对居家养老及养老驿站的看法和实际需求,并结合该地区的养老驿站发展现状和老年人口变化趋势,进行深入分析,提出对策和建议,撰写了长达两万多字的社会实践调研报告。最后,我们的努力得到了回报,实践成果获得了"扬光杯"暑期社会实践一等奖、校级社会实践优秀视频、"世纪杯"学生课外学术科技作品竞赛一等奖,以及大学生思想理论课社会实践优秀论文一等奖。通过社会实践,不仅丰富了阅历,增加了经验,更让我从不同的角度、不同的层次得到了锻炼和提升。

进取中成长

成功是很多人梦寐以求的,大家都希望通过自己的不懈努力,将流下的每一滴汗水、付出的每一分努力转化为成果,享受成功的喜悦。但对我来说,成功与否并不是我奋斗的终极目标,而是在追求成功的过程中,感受成长带给我的蜕变。无论成功或是失败,成长都伴随着我的分分秒秒、方方面面,与其说成功带给我荣誉、快乐,不如说为了成功而进行的长期努力、积淀才促成了我的成长和改变。时间一直在改变着我们,但不变的是我们做事的态度。未来的我,必是一个脚踏实地的求学者,关注过程而不是结果,关注能从一件事中学到什么而不是沉醉于获得成果的喜悦,在实践中锻炼自己,在学习中提升自己,在进步中改变自己,让优秀成为一种习惯,最大限度地发挥自己的潜能,实现人生价值。

博观而约取,厚积而薄发

信息与电子学院 李德莹

苏轼在赠予进士张琥的杂文中讲到:"曷尝观于富人之稼乎?其田美而多,其食足而有余。其田美而多,则可以更休,而地力得全;其食足而有余,则种之常不后时,而敛之常及其熟。故富人之稼常美,少秕而多实,久藏而不腐。"意思是富人的田常常肥沃而种子常常富足,故可以轮作以保全地力,种植不会耽误农时,其庄稼饱满耐存储,周年良性循环。

粮食的种植如此,学生读书亦是如此。物质生产和精神生产的规律是相似的。"弱者养之,以至于刚;虚者养之,以至于充。"我们能够在高考时有幸考入北京理工大学,就像庄稼能够在良田中生长。鸿雁不必居于棚屋,应当博观而约取,厚积而薄发。

博观约取

我在夏令营面试的时候曾被问到一个问题:你确定之后就要从事这个方向的研究吗?我当时想起了很多事情。我想起高中参加竞赛的经历,那时候我一门心思想考入物理系,结果高考完却意外进入电子系;我想起刚上大学时,整夜整夜梦见自己回去复读;我想起大学前从未碰过电脑的我第一次尝试用C语言输出"Hello World";我想起开始学习汇编时的迷茫,想起数电实验怎么做都做不出来的难过。在进入大学之前,我怎么也不会想到我会整天抱着一台电脑,在上研究生之前我怎么都没想到自己会涉足当前最火的深度学习领域。我回答面试老师说,我之所以高中时会认定自己要一辈子搞物理,那是因为我拘于应试的范畴中、在语、数、外、物、化、生中做出的选择;我现在能够确定自己的研究方向,是经过大学四年不断的学习、开阔了眼界之后的选择。

与我而言,大学绝不仅仅是我们学习课程、参加考试的地方。大学为我们提供了一个广阔自由的平台,让我们互相交流、共同成长。在大一时我选择加入校学生会而不是院学生会,也是基于这样的考虑。了解得越多,思考得越多。我在与其他学院同学的交流中发现,许多传统行业都在向计算机技术靠拢。譬如,我们通常认为学心理的与算命的相差无几,是猜别人内心想法的"江湖骗子",跟计算机是万万不相关的。但是一位在南京大学进修心理学的同学告诉我,他们也要学习编程,因为利用计算机技术对病例进行评估分析是目前心理学最火的方向之一。机车的不再沉迷画图,化工的不再沉迷实验,经管的不再沉迷记账,计算机技术已然渗透到各个学科。

计算机是当下热门,深度学习更是如此。无论是精准医疗,还是无人驾驶,在那些最前沿的项目中,我们总能发现它们的痕迹。但这并不代表每个人都适合研究这个方向,也不是每个人都想从事这个方向。"不登高山,不知天之高也;不临深溪,不知地之厚也。"在我的身边有很多非常优秀的同学,他们有的选择为祖国的芯片事业奉献青春,有的选择继续在通信或雷达方向发光发热。"信于久屈之中,而用于至足之后;流于既溢之余,而发于持满之末。"我们在大学经过了四年的积累与成长,虽不敢妄言不惑,但已经能够对未来进行慎重的思考。我最终选择自动化所读研究生,正是因为我在这四年中看到计算机在未来长足的发展,是博观而约取的最终选择。

学然后知不足

我在德育开题的时候说,希望自己经过大学四年成为一个坚韧的人。当时我还引用了《大学》中的格言:"知止而后有定,定而后能静,静而后能安,安而后能虑,虑而后能得。物有本末,事有终始。知所先后,则近道矣。"四年一晃而过,我回顾开题时的答辩PPT,深觉自己大学四年做得还不够好。

在学习上有畏难心理。总是想着不能让竞赛和科研耽误考试,不仅竞赛参加得不多,在大三时还拒绝了加入一位老师课题组的邀请。可以说没有在大三的时候进入实验室实习是我大学生涯中做得最错误的一个决定。鲁迅先生曾经说过:"时间就像海绵里的水,只要愿挤,总还是有的。"大学期间在竞赛上的缺失给了我一个非常惨痛的教训。因为没有影响力大、获奖级别高的竞赛,导致我与许多奖项失之交臂。竞赛的缺失实际上映射的是研究能力培养的缺失,这让我在大四进入实验室时一度举步维艰。无论是英文论文的阅读,还是自己调试程序,对于刚刚涉足科研的我都是很大的阻扰。所幸在实验室实习了近一年后，我逐渐适应。相信之后的我能够真正认识到抓紧时间提升自己的重要性。

在社团活动中未能做到改进与创新。我曾在校学生会体育部工作两年，一直做的是比赛推送的工作。由于体育部的推送具有量大、内容相对重复的特点，我们的推送阅读量一直只有两百左右，相比学生会其他部门的推送少了很多。我想大概是因为体育比赛受众相对较少，宣传力度不到位的原因。我们尝试加入线下宣传活动，并设置多种游戏和抽奖来增加活动热度，但是结果并不显著。在推送上仅做到了标准化、流程化，未能提出有效提高阅读量和推送质量的方法。这一直是我在社团活动方面比较遗憾的地方。但是两年的校学生会经历使我认识了很多非常有趣的人。有比我高一级的学长，他最后一直做到了校学生会的主席，领导能力非常强；有在校话剧团担任台柱子的同学，在学生会工作和话剧演出中都有非常出色的表现。同时我对较大型活动的筹办与举行流程有了更深一步的认识，尤其对于活动的前期推广、活动预告、总结收尾等都有了更深的认识与理解。

路漫漫其修远兮

当我知道我有保送外推的机会时，我就确定了自己要去自动化所的目标。在自动化所的夏令营，我结识了很多来自五湖四海非常优秀的同学，在与他们的交谈中我也对未来有了更清晰、更大胆的认识。我曾经一直对北京有执念，一是因为其"首都光环"，二是希望能离家近一些。我一直将能否留在北京作为未来规划的一个重要影响因素。但是在与一位同学的交流中，我逐渐打破这种思维惯性。现在交通快捷方便，地域实在不应该作为限制我的枷锁。我正年轻，父母亦是壮年，实在没有道理因为这些看似很重要、实则无足轻重的条条框框限制我未来的发展与规划。

因为疫情，我仅在实验室实习了半年左右。虽然时间不长，但是所里浓厚的研究氛围使我对科研的兴趣愈加浓厚。在大四的上学期，我还有幸跟着师兄师姐参加了一次国际性的会议，聆听了许多与我的研究方向相关的国外专家的报告。我深感在医工交叉方向国内与国外仍有一定差距。我希望我未来有机会在国外读博士或博士后。

小时候读白驹过隙，还未能意识到时间飞逝、岁月无情。四年的大学时光一晃而过，快得我都来不及记住每一点一滴，甚至来不及在大家尘埃落定之时与大家举杯庆祝一次。我很感谢我的舍友，无论是情绪低谷还是考试失

博观而约取，厚积而薄发

利，她们都默默地陪在我的身边。她们都有良好的学习习惯，潜移默化中也同化了我。我很感谢李智老师、傅雄军院长和李海老师，他们不仅给予了我很多帮助，也帮助我开阔了眼界，对专业有了更深刻的认识。我很感谢在大学期间曾经教过我的老师们，他们的讲课风格各不相同，但都是非常优秀的科研专家，他们让我第一次对"科学家"有了清晰生动的定义。我感谢自己在学习上遇到的困难，每一次解决困难都如破茧重生；我感谢自己获得的种种成就，使我能够更加自信、更加坚定。我不敢给自己的大学生涯打满分，但是我可以毫不愧疚地给自己打一个优秀。我也坚信现在优秀的我，已经为未来更优秀的自己打好了基础。

风起绿洲吹浪去,雨从青野上山来

信息与电子学院　林雨青

仿佛在七食堂吃石锅拌饭还是昨天中午,仿佛在信教楼自习还是昨天傍晚,仿佛在十号楼偷偷练琴还是昨天晚上,但所有的上一次很可能都是最后一次了!作为特殊的一届毕业生,我们已经很久没有回到北理工的家,还没来得及告别,本科生活已经接近尾声。德育主题贯穿了整个大学:刚进入大学的时候,德育开题让我们对大学生涯有了一定规划;面临未来选择时,德育中期又指引我们方向;现在,要和北理工说再见的时候,也要用德育论文画上句号。

学生永恒的主题——学习科研

1. 课程学习

课程学习无异占据了本科生活的最大一部分。平时要好好上课,课后要乖乖写作业,还有磨人的考试周。在良乡校区的日子,课程安排很紧凑,高中散漫惯了的我在刚刚进入大学的时候并没有进入学习状态,而意外的韧带撕裂更让我的学习雪上加霜。在大一暑假,我看着自己的成绩单,又看着自己在德育开题的雄心壮志,明白不能够这样"混"大学。至此开始了我努力学习的日子。我常常想,如果高中我也能这么努力就好了。努力总是有回报的,而且低起点让我在拿到一等奖学金的同时也拿到了进步奖学金,更加受到鼓舞的我不断追逐大家的脚步,最终取得了保研资格。

要是能再来一次,我会在大一的时候就努力学好基础课,让大二、大三不用那么辛苦。不过,"往者不可谏,来者犹可追"!学习是终生的课题,未来的征程中,学习也是重要的部分。

2. 实验科研

对于工科学生来说,除学习理论知识之外,还需要实现理论的实用化,亲手进行实验操作是最有效的,也是除了绩点之外最重要的软实力部分。学院安排的对应理论课的实验课程是最有效的,对巩固知识非常有帮助。本科期间做的所有科创实验项目都让我受益颇多,对未来的生涯规划有很大帮助。

很幸运大一就遇到了班主任王兴华老师,她让我们觉得科创并不遥远。虽然一开始的项目做得很简单,但动手做好一个小装备也非常有成就感。我记得,大一上学期做了一个大创项目——一个浴室卡槽内防忘卡的提醒装置。从一开始的电路设计,到最后的布板、焊接和外壳设计,每一步都是我独立完成的。这个项目让我第一次对科创有了着迷的感觉。到大二的时候我做了一个两栖无人机。这是全新的领域,我不仅从中学习了很多自动化领域的知识,还第一次体会到带领一个团队的成就感。项目成果最后得到了"世纪杯"特等奖。

除了自己做科创,进入实验室跟着老师学习也是重要部分。大二暑假到中关村之后,我就一心想要体验实验室生活。机缘巧合下进入谢湘老师的实验室。在做了一年多的人机操作系统研究之后,我对通信工程专业有了进一步认识,也决定了自己的专业方向。未来我将以研究生身份继续研究下去。希望未来的我依旧充满热情,勇于迎接每一次挑战。

3. 海外交流

由于一直以为自己无法保研,所以我一直为留学做准备。除了语言方面,我也一直在申请海外暑研以提前体验海外科研生活,MITACS 项目给了我这样的机会。大三暑假,我前往加拿大的阿尔伯塔大学的数学学院。短短的三个月是我本科生活中非常宝贵的财富:初识小波变换,领略异国风光,结交许多好友,甚至还把一直考不过的托福、雅思全部都考过了。

以后要是再有机会出国交流,我一定会申请。我希望自己不拘于一方天地,出去看看更大的世界。

工科生的文艺情怀——文艺体育

1. "12·9" 合唱

一直觉得全面发展很重要。作为工科生,平时接触的都是专业内容,很少系统性学习文艺作品。为了不拘泥于专业领域,我有意识地去接触其他领域。人对未知的东西总是抱有好奇之心,一来二去也就成为学习之外的慰藉。除了利用北京的地理优势听音乐会之外,最有意思的文艺活动就是每年的"12·9"合唱比赛。虽然会占用不少课余时间,但我觉得这些时间实在是花得太值了。同学们一起努力几个月就为做好一件事，这个过程让我交到很多好友，也提升了一点点唱歌的技巧，锻炼到了组织能力。我一唱就是四年。每年的"12·9"合唱都是我大学生活中难以忘记的活动。

2. 运动会/功夫扇

大一下学期，和信息学院同学一起参加了运动会开幕式表演，得了第一；大二下学期，功夫扇表演得了首都高校武术集体项目第一。与同学齐心协力完成一件事是大学生活中最让人快乐的事情。

这些看起来"不务正业"的文体活动占了我大学生活的很大一部分比重，也构成了课余的快乐。

同样重要的其他部分

北理工带给我的东西实在是太多了。四年的生活多姿多彩，除去学习和文体活动，还在北京做了很多有意义的事情。

比如年年都坚持听音乐会。基本上在学习不那么忙的时候，我都会买一张音乐会的票，一个人去听。记得有一次听完李云迪的音乐会，匆匆赶最后一班房山线地铁；记得一次音乐会后等待与演奏者合影……

我闲暇经常去的是国家博物馆。每次去的时候都有新的临时展馆，负一楼的古代展品亦是常看常新。还有怎么看都看不够的故宫博物院。天气好又心情好的时候，我会爬到景山上看故宫，等待日落时分感受其辉煌磅礴。

来北理工求学是我第一次来北京，所以所有地方都是新鲜的。一般考完试我会留下几天时间去游览大的景点，而其他的小景点就放在平时，四年下来，我游览了北京的大部分名胜。

这四年的快乐用短短几十行文字很难概括完，但是都留在了我的回忆和照片集里。

致谢

毕业设计里也有一个致谢，碍于篇幅言语简洁。我还是想要对在我脑海里留下深刻印象的所有人再说一声感谢，谢谢你们的帮助、教导、陪伴，璀璨了我的大学四年。

感谢北京理工大学！在良乡的两年，我体验到比高中更认真的学习生活；在中关村的一年半，我体验了科学研究，也看到了真正的北京。海外交流的

风起绿洲吹浪去，雨从青野上山来

三个月，我在加拿大阿尔伯塔大学领略了小波变换的奥秘，提升了英语水平，度过了一个美好的暑假。

感谢信息与电子学院！我遇到的所有老师都是顶级负责的好老师，我上过的每一门课都让我对信息领域有了进一步的了解。感谢王兴华老师，无数次的长谈，激发了我学习、科创的兴趣。感谢王晓华老师、杜慧茜老师、张延军老师、田黎育老师、李慧琦老师、周荣花老师、王菊老师，每次课后问问题都要耽误你们很久，感谢你们的耐心解答，让我能扎实地学好专业知识，也越来越喜欢这个专业、这个学院。感谢每一个实验老师！我最喜欢的课就是实验课，你们的悉心指导让我们每次都能学到很多。感谢谢湘老师，让我拥有一段宝贵的通信实验室经历。感谢邓宸伟老师，不仅在我的专业学习上提供耐心指导，更为我的生涯规划提出宝贵意见。感谢辅导员李智，耐心负责又美貌的老师，值得每一个电信同学的喜爱。感谢学院干事和学院的每一个领导，你们的付出我们都有放在心里。

最后感谢遇到的每一个人。很幸运能遇到我的442和220的可爱室友们，一起生活的时光短暂又美好，和你们在一起的每一刻心情都很开心。感谢微电子一班和电信三班的同学，你们让我感到班集体的温暖。

当然最要感谢的是一直在努力的我自己。"风起绿洲吹浪去，雨从青野上山来。"现在的结束正是未来的起点！"九万里风鹏正举，风休住，蓬舟吹取三山去！"

感悟以往，可追来者

自动化学院　赵维鹏

"流水它带走光阴的故事，改变了一个人。"虽然感慨时光飞逝终究是陈词滥调，显得人很矫情，但是不知不觉中从 2016 年走到了 2020 年，日历又从 1 月翻到了 6 月，却还是忍不住慨叹：我，要毕业了。四年的时光，在大一看来很漫长，但在临将毕业时再回首，却发现不过是如此短暂。四年下来，各方面的自己都成长了一些。这期间我有获得，也有失去。翻开大一时候写给未来的自己的一封信，已经无从考究落笔的心境如何了。当初的心愿和梦想早已经翻了几番，但现在，是时候拍拍满身的尘土，回想这走过的一路了。2020 年 6 月，我撰下此文，总结前四年，作为自己大学生涯的终止符。

学而时习之

1. 非典型理工男自述

惭愧地说，我是一个非典型理工男。再惭愧点说，我最擅长的科目是英语，最擅长的理科是化学，最不擅长的科目是数学和物理。然后，我在大学选择了对数学和物理要求很高的自动化作为自己的专业。这既不是选择的盲目，也不是被逼的无奈，一切的一切，只因为我对自己固执的念想。我不愿意放弃自己学习多年的理科，也不愿意用"生化材"的天坑把自己劝退。最终，我选择了自动化作为自己的专业。从此，我与自动化专业、与北京理工大学自动化学院，将发生无数奇妙的化学反应。

2. 学习这出折子戏

我这四年的学习生活，就像一出折子戏，包含了起承转合。

起自初入象牙塔，壮志凌云。相信每个刚进入大学生活的"萌新"，都会怀揣着一鸣惊人的凌云之志——学习上勇争第一，社交上广结挚友，科创我参加，文体两开花。我也具有同样的想法。所以大学伊始，为了展现自己的"优秀",也为了测试自己的英语水平,我选择参加了国际班的面试,并且顺利地成为其中的一员。这也极大地增长了我的信心,更加积极地学习、参加各类活动,也许是高中埋头的余热,抑或是初入新环境的兴奋。学期末我虽未达到初期目标,但还是获得了奖学金。发现自己并不需要多努力就可以取得相对不错的成绩,我颇为得意。这份得意导致了接下来的学习上的滑铁卢。

承自自傲贪懒,骄兵必败。大一下学期的我,变得贪玩、懒惰,又因为加入了多个社团,导致留给自己学习的时间严重不足。同时又因为错误估计了课程的难度,复习也并不充分。最终期末考试一塌糊涂。尤其是在较难的高数和物理面前,我最终只得以低分飘过。不过万幸没有出现挂科,这也才能迎来后面的转合。

转自知耻后勇,重新做人。大一下学期的成绩对我来说着实是一个不小的打击,因此在大二开学,我就下定决心洗心革面,认真对待每一门学科。有了明确的态度,才会有正确的道路。在接下来的几个学期中,我以高度的热情对待课程、认真完成作业,并且仿照高中经验,在结业时进行"一轮复习""二轮复习"等,最终的成绩也相对满意。

合自尘埃落定,心圆意满。经过大四上学期风风火火的资格推免,与大四下学期理所当然的毕业设计,大学四年的学习生活就这样结束了。尽管这其中,夹杂着我对专业的不解、对未来的迷茫,但最终还是给自己画上了一个相对满意的句号。这一出折子戏,也落幕了。

3. 小札

孔子说:"学而时习之,不亦说乎?"我之前其实是不相信的。学习怎么是快乐的事呢?还是日本人比较实在,把学习当作"勉强"。但是这四年的经历,使我有了新的体会。找到兴趣之所在,学习确实是快乐的。还记得我大二的时候,常常躲在理教五楼上自习。我经常一整天对着课件和习题,一点也不觉得枯燥。因为彼时我已经找到了课程学习方法,并且每天都有学习计划。我每天会为完成或者超越了自己的目标而感到开心,不知不觉中也少了学习的压力。在做毕业设计的过程中,我也深有同感。由于疫情影响,只能在家做毕业设计,缺乏学习氛围的环境也会使我无法沉下心来钻研课题。但是只要一旦开始进入状态就会沉浸其中,其实就是发现了其中的乐趣了。

若谈到学习上的遗憾,也总是有的。首先是学习成绩并没有达到更好的状态。最后因为零点几分与保研资格失之交臂。其次就是科创活动参与度低。作为一名工科生,科研是专业生涯中必不可缺的一环。而我在大学过程中参加的科创活动太少了,并且没有取得什么突出的成绩。如果说我本科阶段有最大的遗憾,那就是未真正投入科创。

为同学服务

某种意义上来说,我的大学生活符合"标准型"。一方面,我学习专业知识,没有相信所谓"不挂科的大学不完整"的谣言,最后获得了学生工作保研资格,也算是为学习画上了句号。另一方面,我积极参与学生工作,实现了"学习、工作两手抓"。

大二上学期对我来说是井喷的一段时间。其间,我成为班级的团支部书记,并担任学院团委组织部副部长一职,同时兼任良乡校区的负责人。而这段时间,也是课程最多的一学期。面对工作与学习的双重压力,最初的我有点慌张。我是一个"贪心"的人,我既不愿意因为学生工作牺牲自己的学习成绩,也不情愿因重视学习而马虎对待学生工作。因此,我学着合理分配时间,协调工作与学习。犹记得在概率论的期末考试前一天,我还在处理团务统计的相关事宜。不过好在最终我两方面都还不错,成绩提升了,学生工作也没有落下。这也是我第一次发现,鱼和熊掌,二者可以得兼,关键看自己是否有能力、有意愿处理好二者,换言之,自己是否足够"贪心"。

大致算下来,大学阶段,我林林总总做了四年学生工作。一开始的我,并不能完全找到学生工作者的定位,这导致在处理问题的过程中与同学发生一些小摩擦。但随着对工作的理解深入,我逐渐找到了"服务者"的状态。为同学服务,是做好学生工作的前提。只有秉持这种心态,才能迅速找准定位,快速投入工作,处理好每一项事务。

世界上万物总有微妙的联系。大学阶段,我以学生干部的身份做了四年学生工作;而往后四年,我又将以辅导员的新身份继续学生工作。不知道身份的转变会使我对学生工作有怎样的新感受和新体会,但目即当下,我还是可以自豪地说出,我不后悔这四年的学生工作经历,我无愧地对待了每一项工作。

做一个旅者

提到旅者,可能大多数人的第一个反应就是背包客,是行走在路途上的一个个身影。但是我所说的旅者,指的是一个实践者。象牙塔把我们与社会分隔开，保护了我们不受外界侵染，可以一心问道，却也使我们失去了直面社会的途径。"纸上得来终觉浅，绝知此事要躬行。"只有亲身经历过，才能有切身体会。

在大学阶段，我参与了很多实践活动。本科我获得的奖项很多都与社会实践有关。下面我将把难忘的实践活动记录一二。

1. 童心是可摘的星辰

支教是一个藏在我心中许久的梦想。所以大学伊始，我就加入了护航者社团，并且有幸在大一暑假前往山西省襄汾县的一个小学进行暑期支教。在三周的时间里，我不仅圆了自己一直以来的梦想，更有了此行的收获与感悟。

为什么选择支教？支教究竟能给孩子们带来什么？在支教之前，我已经问过自己无数次。在对比着知乎上几乎清一色的批判与那篇出名的《哥哥姐姐，我希望你们别再来我们这里支教了》，我也产生过迷茫——难道支教真的就是这样没有意义的？真的只是支教志愿者的一厢情愿？难道志愿者前期的准备、过程中的付出都只是感动自己吗？

不。随着时间的推移，我渐渐有了新的体会。

短短十几天的学习，孩子们很难有体系地学习知识，并且在我们离开以后他们会继续每天程序化的生活、学习、玩耍。但是当我们在教学的时候，我们看到了孩子们对于未知的好奇与渴望。由我们的课程而引发他们层出不穷的问题，让我们感到欣慰——我们让孩子们了解了外面的世界，这是书本中学不到的知识，这也是支教的目的之一。我们用自己有限的知识尽可能无限地为孩子们展现一个美好的蓝图，我们看到了孩子们对我们所描述的画面的熠熠眼神，证明我们的内容走进了他们的心里。尽管这图景并不会长久保存在他们的心里，但是哪怕作为心中对美好世界的向往，能够成为激励他们学习的动力，也是完成了我们的心愿。

同时我们一直希望除了知识以外能够使孩子发生一些改变。他们的童心，是值得我们守护的财富。我们会在呵护他们童心的时候为他们指引方向。可能他们不懂得与同学的相处，可能他们处理不好输赢的关系，可能他们过分看重一些不足为道的小事。这时候我们希望通过我们的教导，或是以身作则，指引他们更加正确的成长，为他们树立良好的榜样。如果我们有一两句话被他们听取、铭记，也是我们不小的收获。

孩子们都是可摘的星辰，即使在黑夜中也能发出自己的光。我也希望自己可以守护这样一缕微光，也祝福那些孩子们在以后可以迸发出更大的光芒。

2. 来自大山深处的呜咽

大二暑假，我和班级几位同学前往湖南省湘西州进行扶贫实践调研。几天的时间里，我们辗转在吉首、花垣的多个贫困村，既看到了困难户家徒四壁的木屋，也见到了脱贫后的小洋房。几番考察，也让我对贫困、扶贫有了新的认识。

什么是贫困？大概就是在几重大山深处的村庄，总是安静地、平静地躺在山窝窝里，仰面朝天。听不见山外的呼喊，也说不出自己的辛酸。

作为一个北方人，这次实践活动也是我第一次走进群山深处。还记得通往贫困村的路仅仅是由土路加上水泥板简单铺盖而成，宽度不足三米，仅可供一排车辆行驶。而土路的一侧是峭壁，一侧是山崖，向远望去，黄色的土路仿佛麻绳缠绕着一个又一个山头，引向大山深处。

老话讲："要想富，先修路。"之前，我并不能理解这句话的含义。都说酒香不怕巷子深，如果村民勤奋努力，踏实肯干，必定也是可以富裕的。但是当走在这条狭窄的路上的那一刻，我才明白这句话的深刻内涵。这是村民与外界联系的唯一纽带。村里人出不去，外面的人进不来，也不想进来。即使酒香馥郁，却困藏在地窖深坛中不得发散。这样的村子只能在小农经济向工业化、信息化转变的道路上被淘汰，这样的村子注定走向贫穷。所以想要村子脱贫、村民致富，必须要修路、修好路，让村子能与外界进行及时有效的沟通，只有这样才能使贫困村在社会发展的道路上跟上脚步。

实践中另一个触动我的地方在于教育。相较于外界的各类补习班，家长的望子成龙、望女成凤，贫困村民却表现得很"淡定"。"孩子外出工作了""孩子高中毕业"，其中学历最高的就是孩子上了某高职高专。这样的对话，让我不禁思考起对贫困的另一认识。

扶贫先扶志，扶贫先扶智。百年大计，教育为本。在思想上实现脱贫，必须解决孩子的教育问题。都说再穷不能穷教育，而在这些贫困村，孩子的教育也得不到保障。村民对孩子的教育问题并没有表现出极大的关心。以九年义务制教育为基础、毕业走出山区打工为目标，家长并没有完全意识到教育的重要性。作为扶贫工作中不可缺少的一环，思想脱贫也是重中之重。

3. 一个有身份（证明）的人

大三暑假，由于学校有实习的安排，于是我找到了位于海淀区的数码视讯公司，并成为为期两个月的网络实习生。从此，曾经只能看着电视里拿着工作证出入写字楼的白领的我，也终于成为一个有身份（证明）的职场新人。在实习期间，我成为有"牌牌"的"体面人"，而这次实习也让我收获良多。

在实习中，我有了专业知识的积累。我增加了计算机方面的知识，也掌握了关于系统检测的方法。由于工作需要，我对网络领域的理解也有了质的飞跃。面对工作要求的"逼迫"，我必须对网络的相关知识有深刻的理解。所以我也抽出时间阅读了大量资料。曾经对网络、IP等知识一问三不知的我，也成功进入了网络信息领域的大门。

实习中，我也锻炼了自己的能力。作为一名在网络领域的小白，我最初对自己并没有什么自信。因为相对于带领我的同事，我的专业技能约等于零，这使我始终不敢独自处理问题。然而正所谓"人在江湖，身不由己"，作为公司的一名实习生，我必须快速掌握相关的技能，并且能够独立地处理问题。于是我每天跟在同事后面，看他对业务的处理、对系统和硬件的维护。尽管充斥着碌碌无为的挫败感，但是在不断学习中，我逐渐树立了对工作的自信。相信在未来正式进入职场时，也会有同样的经历。

这是我第一次真正意义上走进一家企业，去了解企业的架构，也改变了许多之前的认知。比如在以往的印象中，我认为人力资源只负责员工的招聘工作，而行政负责的是员工考勤工作。但经过了解之后，我发现事实上人力资源涉及的范围很广泛，而行政的主要职责也不是员工管理。这使我改变了对公司基础部门的了解，也对各部门职能有了更加全面真实的认识。

4. 小札

总结下来才发现，原来本科期间的三个暑假，我都做了很多事情。无论是出于学校要求，还是发自内心，这些日子其实我过得很充实。无论是支教过程中的见微知著，深入孩子们单纯的内心，还是扶贫过程中，从宏观角度走近国家政策，抑或是成为实习生，提前了解工作的状态，每个暑假，我都有所收获，有所体会，有所成长。这，就是实践的意义；这，就是旅人的足迹。

生活是五彩斑斓的

作为一个非典型理工男，自然课余生活与绝大多数同学不太一样。我这个混迹在理科生中的文科生，并不喜欢打电竞，还有着各种看似文艺的兴趣。

比如对于外语的学习。从很早起，我就对语言产生了浓厚的兴趣，惊异于不同的发音规则，沉醉于不同的表达方式。语言使我感觉到不同文化的冲突与碰撞。还记得当初发现学校可以提供西班牙语的选修课时，自己兴奋的模样，然后每周末都要早起去上课。时常想想，好像自己连专业课都没有这样的动力。大二的时候，我又瞄到学校提供法语的选修课，而没有抢到名额的我蹭完了整学期的法语课，学完了法语的发音。我还学起了日语发音。可以说，我对语言的热爱无以复加。但是比较惭愧，回看写给未来的自己的一封信时，我原本以为可以利用大学期间就考下西班牙语的证书，结果拖拖拉拉也没有完成，那么这个计划只能等到一年后再执行了。

比如我对国风的喜爱。作为一个比较矫揉造作的伪文艺青年，我比较喜欢国风，诸如古风文字、汉服等。有幸在大学期间，结识了几位志趣相投的好友，能够在闲暇时间一同汉服出游、赏花赏景；又或者能够写文章，互相点评提升。也正是这些好友，能够让我将这些兴趣从独乐乐变成众乐乐，从而更加深入了解、用心体会。

比如我乐于倒弄的各种小玩意儿，剪纸、橡皮章、画画、写字……多种多样的小玩意儿让我的课余生活相对丰富。这也是我平衡生活、调节心态的一种方式。偶尔心情不好，我会选择写字，几页之后，心情就可以得到平复；闲来无事，我会画画，在描摹中"虚度"光阴；心血来潮，我会做一些橡皮章、剪纸等。还记得有一次帮助同学刻了一个名章，十分有成就感。

人在山中缘不知。回忆这四年的点滴，原来我的生活也是充满了情趣。人生最难得是悦己。这些小爱好点缀了我的大学生活，它们就像是沾染了五颜六色的墨彩。站在终点回看来路，原来一路繁花美景相随。

仍是少年人

"我还是从前那个少年，没有一丝丝改变。"这是今年夏天流行的歌曲。人们总是对少年这个状态很执着，即使无数次被岁月打磨，仍然希望"出走半世，归来仍是少年"。四年的光阴，相较于人生的漫漫长路，总是短暂的，却也是漫长的。四年前站在校门口仰望校名的少年终于成为身穿学士服的毕业生。相信毕业时的我们，身边还会放着几个行李箱，不同的是，当初指向校门的脚尖这次却指向了四面八方。

我在这四年中，也成长了许多。当初那个怯生生的男孩，如今也有了自己的方向。不知自己性格中的浪漫主义和天真情怀从何而来，但是四年的打磨非但没有使我失去，反而更加珍惜它们的存在。我希望自己能够是个少年人，始终怀有一颗单纯的心，也祝愿自己能一直是个少年人，不去过多地计较纷杂。

回看这四年，遗憾有之。最大的遗憾莫过于自己的学习成绩不足够优秀。因为没有付出更多的努力，我也没有更多的收获。几次与评优擦肩，是因为排名不够靠前。但这只能归结于自己不够专心，无话可说。另一个遗憾则是科创项目参与得太少。其实几次项目参与下来，我发现这些东西并不难搞，难的是一颗沉稳来做科研的心。几次比较重要的奖项，都是人文社科类，这既是我作为一个"理科生中的文科生"的自嘲，也是对自己缺少科创经历的幽怨。然斯已矣，这部分遗憾只能等到我读研的时候进行弥补了。

　　欣喜有之。这四年，总的来说，还算是问心无愧。最终获得了学生工作保研资格，取得了学位证书，结交了好友，增长了知识，也培养了兴趣。各方面看，我还是取得了令自己相对满意的结果。形形色色，林林总总，回忆我的整段大学生涯，终究还是充满了愉快的色彩。

　　感恩有之。环境对一个人的影响非常之大。感谢北京理工大学给我提供了一个学习和成长的平台。上大学是我第一次走出家乡，来到外面世界。北理工让我看到了更多优秀的人，也提供给我更多的活动环境，这些都丰富了我的阅历。感谢我的室友们！我是一个容易受到环境感染的人。我的室友们都是"大佬"，平时各种奖项拿到手软，这也使我不甘人后，在各种紧迫中抓紧完成自己的任务。同时和乐的舍友关系也使我感受到了轻松和愉快。虽然不甘心承认我是寝室最"菜"的那一个，但还是由衷地感谢三位"大佬"的带飞。感谢我的同学们！周围聚集了一群友善的同学，让我可以同他们侃天吹地，展现自己的兴趣。这又是一个严肃的可以开展学术讨论的圈子，我也可以在学习上有所收益。感谢各位老师和辅导员，学习上的指导、学生工作的提点也使我获益良多。

　　最后，任性亦有之。各种原因使然，我在之前的时间里并不恣意。但是在大学的成长中，逐渐找到了自己的方向，认清自己的想法，也逐渐"任性"起来。可以说，选择保资就是我做的一件任性事。一方面，我希望通过保资获得研究生资格，更重要的是，我希望获得两年的休整。中国的小朋友从学龄前就开始追赶，每一步的人生被安排得明明白白。小学、中学、大学、读研、工作，每一步都被偷偷地设置了时间节点，而在这个过程中，其实很少获得片刻喘息。相较于直接读研到工作一气呵成，我更希望用两年的时间为自己寻找一个缓冲。在大学阶段，我逐渐发现自己的兴趣、自己的心愿，因此我更希望能够用两年的时间实现梦想、提升自己。而工资的保障，也可以使我不成为"啃老族"，从而放心地遵从内心。这是少年的任性，让我在大学时得以释放。

毕业时，我仍愿意做一个少年人。希望多年后，这份少年情怀也不会发生改变。

终

洋洋洒洒几千字，有感悟，有心得，有回忆，有新知。这既是德育的总结论文，亦是我对自己这四年生活的回味、审视。故而内容或激动，或沉抑，皆因思及当时之景而心生共情，难以掩盖。偶有文字略晦涩之处，亦由心之所想，然不能诉诸笔纸，故掩而避之。

以文视以往，终觉离别将至，心下五味杂陈，亦不赘述。引陶翁"悟已往之不谏，知来者之可追"之意作篇名，是为自检过往，校对言行，感个人之成长，品各方之短长。有过而改之，无过则加勉。望过后牢记本心，勉而处之。不求闻达于诸侯，但期忆而思之，问心无愧耳。

以梦为马,行者无疆

计算机学院　黄泽远

时间如白驹过隙,一转眼我已经度过了本科四年的岁月。在即将毕业的时候,回首这忙碌充实又颇有收获成长的四年,甜酸苦辣瞬间涌上心头。即将离开北理工的我,写下这篇论文,算是写给北理工和自己的一封离别感言,期待再次更好的相见,在此也提前祝北理工80岁生日快乐,祝北理工和所有北理工人的明天更美好。

只争朝夕,不负韶华

进入大学以来,我不断用踏实的努力坚定自己"软件报国"的信念,用真才实学打牢报效祖国的根基。

还记得大一的时候,我与方方、韬韬等学霸坐在第一排听课,上课认真记笔记,勤于思考,经常讨论。课后,我们也会一起复习,有一次在方方的宿舍一起刷算法题到深夜。记得每周算法课结束后,我都会在教室写题写到很晚,回去的路上只有中食堂的麻辣烫大叔还在坚守。每次我都会去支持大叔的生意,作为对自己的奖赏和激励,支持我在后半夜继续努力工作。这样一路走来,我进入了算法实验室,并在程序设计算法等方面有了更多的学习经历,这对我的专业帮助是非常大的。

在学习之余,我也乐于向同学们传授学习的技巧和方法,经常在课下与同学讨论问题,与大家共同进步。我在第一学期向全年级同学进行了C语言程序设计的学习方法分享,谈到了初学C语言的学习感受和方法,帮助刚接触C语言的同学们避开盲点,更好地掌握这门基础语言。

在大二第一学期,我担任了2017级C语言培训课讲师,为学弟学妹们讲授"结构体联合枚举、指针"。这部分内容比较抽象难懂,我配合着精心准备的代码实例,深入浅出地讲解了其中的重要知识点,用小实验和类比的方法，帮助学弟学妹们更好地理解和掌握其中的关键点，课堂效果很好。

在平时，我也经常帮助身边的同学和学弟学妹们。在他们有困惑的时候，与他们一起分析，克服困难。学弟学妹刚进入大学难免会感到差异和迷茫，我作为学长会给他们传授自己的经验，也根据对方的实际情况给出中肯的建议，帮助学弟学妹更好地融入北理工的学习生活中。小张和小朱是我大二时候的学生会部员、大三时候的办公室部部长，到现在他们在保研和专业方面都会经常与我交流。当然他们的成绩比我好得多，一位年级第一、一位年级第三，令我感到非常欣慰。尽管我对他们很严厉，但我们的相遇成就了有趣的经历。

心有所住，终至所归

1. 加入中国共产党

我进入大学以来的第一件大事，就是递交入党申请书，向党组织表明我入党的坚定信心，并积极接收组织的培养和考察，以优异的成绩顺利从院党课、校党课毕业。在 2017 年 11 月 11 日，我光荣地成为中国共产党预备党员。

我坚持学习理论知识，增强自己的政治素质，努力向党组织靠拢。在 2017 年软件学院第七届"我来讲 我来听"党课评比大赛中，我带领软件学院 2016 级本科队参赛，以优异成绩进入决赛。其间，我带领队员进行理论学习、社会实践等，并以主讲人的身份积极准备党课，取得了良好的效果，受到了老师、同学的一致好评；其成果《历史·现实·未来：从社会主义文化建设的三重维度坚定文化自信》被收录于期刊《北理工青年研究》，受到了广泛的认可。我曾加入软件学院 2016 级"学风督导队"，完成查课查寝工作，为软件学院的学风建设做出贡献。

后来，我担任了计算机学院本科第六党支部的书记，肩上担起了更多的责任。我通过"三会一课"、"不忘初心、牢记使命"主题教育活动、"真辨明红趴馆"辩论赛等多样的方式与支部成员一起共同提升思想政治素质，增强支部的凝聚力和战斗力，传递正能量。通过组织各种党务工作，我真心感觉到凝聚的力量，大家有共同的理想和信念，并且不计较个人得失，一切以大局为重的。

2. 加入校学生会

这几年，我一直在校学生会工作，服务校园事业。在大四的时候，我顺利当选校学生会主席,带领这一支有情怀、有担当的队伍继续在北理工校园为同学们服务。

我们响应学生会改革的号召,从组织制度改革、人事工作规范、思想文化引领、品牌活动塑造等方面着手,为学生会的建设添砖加瓦,为服务校园事业凝心聚力。"苟日新,日日新,又日新"。学生会在改革中不断探索新模式,推出新举措,增添新亮点:我们紧跟时代脉搏,抓住"五四"一百周年、国庆70周年等重大节点践行思想主流文化引领;我们恪守服务初心,组织策划车站迎新等志愿活动,每年覆盖2 000余名新生和家长,用扎实的工作服务同学、服务校园;我们聚焦主责主业,发挥学生会成员的榜样带头作用,用"我爱我师"等品牌活动营造尊师重教、乐学爱学的良好氛围;我们保障学生权益,贴心深入同学生活,每年受理300余件权益问题反馈,积极跟进权益问题解决进程,坚持为同学们的切身利益发声;我们持续强化队伍,加强对学生骨干的培养锻炼,强化骨干的政治站位,提高服务本领;我们梳理组织体系,推进校、院、班一体化建设,精简组织结构,提高工作效率;我们强化制度规范,完善常代会机制,让工作从同学中来、到同学中去,向同学们负责……

心中还记得那些第一次——第一次去车站迎接新生、第一次做面试官、第一次策划活动、第一次在部门例会上讲话、第一次在开学典礼给学弟学妹们讲话、第一次在新体育馆办深秋歌会、第一次组织设计文创、第一次在线上开展工作……在四年中一次又一次的凝聚和绽放下,我在无数个第一次中挑战自己。一个人的力量也许实在渺小,而数十、上百颗凝聚在一起的心所迸发出的力量却不容小觑。

3. 参加国庆庆典

2019年6月—2019年10月,我有幸参加了国庆70周年的系列活动。

暑假期间,我协助国庆群众游行指挥部完成统筹安排志愿者的相关工作。不论高温酷暑还是大雨瓢泼,我都会坚守在模拟演练的现场,细心、高效、负责的工作作风,赢得指挥部老师们的一致好评。在长安街模拟演练时,我与数名"青马班"学员一起组成小分队进入核心区域,完成模拟彩排演练任务。每次都是傍晚出发,直到拂晓时分才撤离核心区域。

我还参与了烈士纪念日的活动彩排演练。贴点、演练、保障,从下午一直忙碌到深夜,尽管在仪式当天,我们都要从演练的"最前排"撤到现场的"最后排",但我没有丝毫的懈怠与失落,而是更加尽心尽力完成各项工作。从9月29日下午集合到9月30日上午仪式结束,我仅在晚上短暂休息了数小时，其他时间都在天安门广场高质量完成现场任务，在完成任务后赶在首长到达前以最快的速度撤离了自己所在的前排点位，站到了所有方阵的最末端，承担起搭建方阵框架和补齐点位的工作。随着庄严肃穆的《献花曲》响起，我们代表首都学子，与党和国家领导人一起在天安门广场集会铭记历史、缅怀先烈。

仪式刚刚结束的下午，我又成了上岗最早的一批国庆大会志愿者，开始了 20 余小时的连续工作。我坚守在长安街沿线的重要服务保障点位，为了守护物资安全彻夜未眠。当游行队伍陆续到达点位，保障工作更加忙碌，我依旧一丝不苟。

10 月 1 日，万众瞩目的国庆 70 周年活动正式开始了，我却已提前撤离了核心区域——站在一条街外，听着长安街和广场上不太清晰的轰鸣与欢呼，我终于明白了一个共产党员，一名"青年英才"的担当，明白了总书记口中"不要人夸颜色好，只留清气满乾坤"的境界。

我想，这是我离信仰最近、离历史最近、离担当最近的时候。作为一名北理工学子、一名党员、一名学生骨干，我的心中感受到由衷的光荣和自豪，更体会到祖国交予我，交予我们这一代青年的沉甸甸的使命与责任。

但行好事，莫问前程

马上就要毕业了，最后一节的标题写下我最喜欢的一句话——但行好事，莫问前程。我希望自己能顺利完成博士学位的学习和科研任务，能够在专业领域有所建树；希望自己能在国家和人民需要的地方找到自己所爱的事业，希望自己能与爱的人一起享受生活；希望能有更多的快乐与乐趣。前路漫漫，我将继续带着北理工的印迹前行。北理工的四年将成为我一生难以忘怀的四年。

最后，祝 2020 届特殊的毕业生们毕业快乐，我也将在学生会继续努力工作，站好最后一班岗，为毕业生和自己带来更多美好的回忆。

我爱北理工。

潜心求索，决意远方

计算机学院　张沛炎

　　光阴似箭，白日苦短，转眼我步入大学已满四年。这四年来最重要的，是渐渐知道了怎么去做一件比较大的事情。其实就一点，心要静下来。

　　首先，心静下来才能钻进某个领域里认真做事。现在的社交媒体太多了，各类新闻也太多，每天忙于应付这些广泛却又浅薄的信号，或是忙着去评点别人，是没有办法做成一件事情的。就比如一个人要去旅游，按图索骥地走一圈著名的景点，并不会给自己新的体悟，最多只增些与人的谈资而已。真要体会大自然的美丽，那是一定要涉足别人达不到的地方，要有目标、有耐心、有毅力，做长久的打算。

　　高中时期，世界著名结构生物学家施一公先生每年都会来我们学校做一次报告。经过三年的耳濡目染，在施一公先生的影响下，我意识到人类的进步终究依靠的不是权力或财富，而是科技的力量。我对科技越发崇敬，心中也确立了投身科学研究的目标。当时我发现人工智能很有前景，想要涉足这一领域。可是它太宽泛了，具体要钻研哪一方面仍有待我进一步的调查。因此，高中时期对于以后具体要读什么专业，往哪方面深造我仍是一头雾水。

　　高考后，我如愿以偿地进入了北京理工大学信息与电子学院。大一伊始，在学院开设的专业导论课上，我开始了对学业规划的探索，广泛搜集本专业各个方向的研究内容、发展方向。记得开学初的那次年级大会，辅导员给我们介绍了2012级的优秀毕业生武烨存师兄。他是我心中的榜样，专业第一，两次获得徐特立奖学金，仅大二一年便发表论文5篇，科研成果丰硕……有一个细节我一直记得："每次只要一下课，他就立刻狂奔到实验室，继续因上课而不得不中断的研究。每周在各个高校的各个实验室，都可以见到他奔波的身影，只为一个实验数据的精确而马不停蹄。即便在通往实验室的拥挤的地铁上，他也不会放过那一段可以用来推论计算的时间。本科三年，日复一日，连节假日他也未曾休息片刻。武烨存能有这样的成绩，除了兴趣、天赋之外，努力起到了重要的作用。"武烨存师兄对科研的热爱深深激励了我，我也要向他学习，积极投身于科研，为人类文明进步贡献自己的一份微薄力量；通过实践尝试去寻找天赋和兴趣，打造那个独一无二的自己。终于，经过不断的求索，我确定了我今后的研究方向——自然语言处理领域。

  大一暑假，通过联系本校的导师，我获得了进入实验室的机会，研究的课题是计算机科学领域的代码相似度检测。通过对生活中存在问题的思考，我提出了我们小组的具体研究方向与具体应用领域。经过不间断地阅读文献、跟踪最新进展、与老师及师兄论证方法的可行性，最后敲定方案。在与悉尼科技大学的教授交流过程中，他们认为我们的方案很合理，但不够激动人心。他们鼓励我们多去尝试别人没有做过的东西，多去做一些独一无二的工作。于是我们又重新开始……这些经历不仅磨炼了我的意志，也提升了我的科研素养。最后我设计并引入了多级分层注意力机制来解决代码混淆后的算法识别问题。

  对于仿真机器人的研究，我以参加比赛为主。2018年4月，我参加了中国自动化学会举办的2018 RoboCup机器人世界杯中国赛2D机器人项目。这是我第一次参赛，整个项目从头到尾都是我一个人负责。但毕竟一个人的经验与精力是有限的，最终只进入全国八强。

  正是这次比赛让我意识到，有毅力、有决心不一定能成事，方法也是必不可少的，譬如要学会团队合作。日常学习以及做研究的每个环节都需要方法。如何做基本调查，如何下手，如何分析问题，如何给任务定优先级，如何处理细节和局部的关系，如何将直观一点一点地转化成严格的数学语言并且验证等，在任何一个地方卡住，都会让自己的研究停步不前。面对这么多要求，要同时都准备好再开始研究是不可能的，只有先定目标，然后一步一步摸索。在摸索的开始，会做很多无用功，调查没有头绪，便容易浮躁乃至轻言放弃。只有把自己强按在位置上一点一点地对以往的教训做分析总结，才能打破这个恶性循环，渐渐地积累起经验。

  在后来的比赛中，我不断总结经验教训，积极寻求与他人合作。陆续取得了一些国家级奖项。

  在2018年中国机器人大赛中型组仿真赛上，我担任了参赛队的队长。在准备比赛的过程中，我负责进行任务划分，协调团队成员分模块研究代码策略，然后一起讨论改进策略。在我们每周组会遇到问题时，我都会积极与队友沟通，营造轻松愉快的团队氛围。我们采用粒子群优化算法来进行路程规划。其由于搜索能力强、收敛速度快以及效率高等特点，在工业生产中和理论研究过程中被广泛应用，在优化问题中具有很大优势。最终我们取得了全国季军的优秀成绩。

除了日常科研活动，我也做了一些实习工作。因为与高中不同，本科是一个与现实对接更紧密的阶段。为了全方位了解学科的前沿发展，我有计划地在大公司工程部门、大公司研究部门和创业公司研究部门参与实习。2018年9月，我参加了东软集团的软件实习，与团队成员共同开发 Rosetta 即时通信软件，我负责服务器端编程。这些实习经历让我能够及时了解工业界对前沿技术的应用情况。同时，我也清醒地看到未来做学术研究更加适合自己。虽然初心只是自己幼稚时候的一厢情愿，但人在长大的过程中都会变的，甚至在半年之前我都没有料到今天是这样的局面。计划永远赶不上变化，而未知的未来可能信息量更大。不过最终的结果还算不错，经过了几年的尝试，用了无数次排除法，在此刻虽然我也不敢说自己一定喜欢做什么，但是有把握说自己不喜欢做什么。这就像一个深度优先搜索一样，撞了南墙再回头，虽然有时候走了不少冤枉路，比别人晚到了目的地，可是看到的东西也更多了。

总之，运气眷顾，在一个新的领域，我在不知道自己有没有"金刚钻"的情况下又接下了"瓷器活"。可如今最大的不同就是，即便没有"金刚钻"，我也知道如何去获得它。即便无法获得，我也知道如何打磨现有的资源使之无限接近真正的"金刚钻"。几年的摸索告诉了我这样的方法论，也算是不虚此行了。感谢一路上遇到的前辈和同辈给我的指引和人生经验，感谢遇到的挫折使我明白自己内心深处究竟想要的是什么，感谢命运待我还算不薄。路还很长，所以更要心无旁骛望着远方。

有时候我在思考一个问题：我一路以来享受了几乎最好的教育资源，可是有没有做出相符的成绩和贡献呢？如果没有的话，我从中积累了什么优势呢？眼界、人脉，还是对更大的世界的认知，对自己较为全面的评价？

然而对大部分人而言，日复一日的安稳平淡生活，就已经很不错了。不管是辉煌的荣耀也好，平凡的生活也罢，最终不过沦为几分钟的饭后谈资，或者几秒钟的脑海片段。敬佩或是感叹，讥笑或是遗憾，喜乐或是悲哀，都已成为昨日的记忆。

所以啊，是满足于岁月静好，还是决意于前行远方，都只是为个体的快乐而做出的决定罢了——而做出这个决定本身，就已经是成长的一部分了。说了这么多，用《Stay Hungry, Stay Foolish》后面的一段作为结尾吧。

"Again, you can't connect the dots looking forward. You can only connect them looking backwards, so you have to trust that the dots will somehow connect in your future."

当你展望未来时,你无法算到生命中的点将如何连到一起。只有当你回头看时,才会发现它们之间竟能如此相连。所以你必须要相信,这些看似毫不相关的人生经历,会在未来的生命里,以某种方式相互连接。

"You have to trust in something—your gut, destiny, life, karma, whatever—because believing that the dots will connect down the road will give you the confidence to follow your heart, even when it leads you off the well-worn path, and that will make all the difference."

你必须要相信一些东西——你的勇气、使命、命运、机缘,或是随便什么。因为坚信这些点将在未来的生命之路上连接并带给你自信,让你敢于选择追随自己的心声,即使有时这些选择貌似使你偏离了正常的道路,但正是它们让你成为你自己,与众不同。

大学 青春 人生——
第三篇 青春行

我的大学生活

材料学院　马　越

时间过得很快,我的大学生活就快结束了。回首四年大学生活,总是有心灵的震撼。不知是对大学生活不舍,还是对自己充实的大学生活的感慨和欣慰,抑或是因为大学生活的遗憾与不足。总而言之,我感谢大学教给我的一切,让我在这四年成长了很多。

高中时老师都说:"到了大学就轻松了。"但我认为学生的天职还是学习,逆水行舟不进则退,这要求我们必须一生学习。在大学四年里被我挥霍浪费的时间太多了,以至于如今面临离别时还是那么措手不及。脚踏实地,这应该是我对这四年大学生活的总结,那么为什么我们需要脚踏实地呢?因为在我看来,这四个字在本科阶段的意义就是:多花点时间在学习和实验上吧。许多人都觉得我们在课堂上学的知识都没有用处,学不学都无所谓,也觉得我们本科生在实验室做不出有用的成果。可是,我们不能因为眼前的碌碌无为而懊恼不已,不能因为天资禀赋的不足就否定自己,更不能因为别人的一言一行而徘徊不前,要拿出勇气去面对,去体会,去细心品味大学的真谛。

迷茫的日子

大学的学习是完全不同于初高中的一种新的学习方式,它赋予了我们更大的自主性和更广阔的思维空间,同时也对我们提出了更高的要求。在这种半开放式的教学模式下,要求我们必须有明确的学习目的,有更强的选择辨别能力和更强的自学能力。但我在大一上半学期的时候,还停留在后高中时代的学习方式上,对各种各样的知识都很感兴趣,都想学习一下,没有明确目标,学习兴趣比较混乱,所以刚开始的时候就直接导致了迷茫。大一,我的成绩一直不太理想,在专业分流时排在班级倒数。这对我的打击很大,所以在后面的学习中，我向其他成绩好的同学请教不懂的知识，并且形成了一套适合自己的学习方法。现在，我已适应了大学的生活，并基本掌握了自学方法，名次也从专业分流时的倒数到成功进入保研名额。在这个方面，我应该感谢老师们给我的指导以及同学给予我的帮助，使我真正知道了怎样自我学习，怎样有选择、有目的地学习。

努力学习的日子

大二开始，我不再幼稚，不再幻想，认识到大学的学习方法与以往任何一个时期都不一样。我首先确立了学习的目标。在德育开题时我还不知道自己本科毕业是否要继续深造；到大二开学，我给自己定下了"一保研、二出国、三考研"的目标，换句话说就是无论如何都得继续深造。虽然对于当时在班级名次排倒数的我来说，保研的希望非常渺茫，但是我带着初生牛犊不怕虎的天真，朝着这个方向不断努力。也正是这个当时看来不切实际的目标，一直激励着我，在我无数次学习不下去的时候给予我坚持下去的动力。

为了实现自己的目标，我必须形成一套自己的学习方法。大学四年的学习经历教给我最重要的就是"上课五分钟，自习两小时"。很多同学都觉得老师上课没必要听，自己下课自学就行，我在大一深受其害。后来我渐渐意识到，老师上课所讲的是以一个完整的知识体系讲的。老师上课所讲的可谓是点睛之笔，可能老师在课堂上只讲了5分钟，但是那5分钟的知识是经过老师消化整理后讲的。如果我们完全自学，可能得花上十倍以上的时间去学习。当然，我们在课后也需要及时自习，因为只有经过自己思考，才能将老师所讲知识点串联起来，才能真正地学会一门学科。与高中不同，大学所学的知识最终目的是将其应用于实验、应用于生产，所以能够将所学知识融会贯通并活学活用才是真谛。因此我在学习过程中，养成了及时整理笔记的习惯，这帮助我在课下及时将课上所学的知识进行梳理和总结，并及时发现、解决问题，而且在复习过程中，根据笔记内容进行复习也十分有帮助。在老师的精心指导和自己的刻苦努力下，我获得国家励志奖学金两次、二等奖学金四次、三等奖学金两次。

在实验室的日子

在科研方面，我在材料学院多个实验室从事过研究工作。2018年10

月—2019年1月，我在黄木华老师课题组进行了可穿戴柔性湿度传感器的研究，采用开环易位聚合（ROMP）法制备以自由离子为载体的离子聚合物，由于聚合物成膜性不好，实验以失败告终。然而，我从这次经历中学到了很多。例如，我学会了如何使用核磁共振仪（NMR）和ROMP法。2019年3—9月，我在陈棋老师的课题组进行了钙钛矿太阳能电池的相关研究。我和学长一起利用界面工程来提高钙钛矿太阳能电池的相稳定性和效率，制备了基于ITO/SnO_2/perovskite/Spiro–MeTAD/Ag平面结构的钙钛矿太阳能电池，实现了19%的实验室级功率转换效率。该项目已经结题，论文处于在审状态。2019年10月以后，我在陈棋老师课题组开始我的第一个独立课题。我通过引入掺杂物质调节钙钛矿薄膜的结晶性能，改善了钙钛矿薄膜的光学性能和稳定性。

在学科竞赛方面，我先后两次获得校金相大赛一等奖，并于2019年7月底代表学校参加了第八届全国大学生金相技能大赛，取得了二等奖。

担任学生干部的日子

在社会实践方面，我作为实践团团长参与的"改革开放绘就复兴之路"的暑期社会实践取得了材料学院三等奖。在学生工作方面，我一直担任班长，负责组织班级活动、增强班级凝聚力。我带领班级获评2016—2017学年优秀示范班集体以及优秀团支部。我也多次获评优秀班干部、优秀团干部。我曾担任材料学院本科生第一党支部宣传委员，负责党支部微信公众平台管理运营、新闻稿的撰写修改。另外，我曾担任材料学院学生会权益生活部副部长，参与过各项大型活动的策划、组织等。

更好的自己

总结大学生活，我认为自己并没有虚度时光，而是认认真真地度过的。我总结出了适合自己的学习方法和做人法则，虽然其中不乏走过一些弯路和错路。学习是一个让人快乐的过程，我们应该学会学习，学会享受学习的过程，在学习中成长以及收获成功的喜悦和快乐。

大学生活马上就要结束了，大四的我依然还是当初那个少年。蓦然回首，我觉得自己走得踏实而又精彩，即使有小小的遗憾，也已经学会以平常心去对待，胜不骄、败不馁。我明白了诚实做人、认真做事。我知道，大学所给我的绝不仅仅是书本上的知识，也不仅仅是社会实践能力的提高，还给予了我几个"大儿子"，我们一起上课，一起吃饭，分享彼此的快乐，分担彼此的忧愁。虽然马上就要分开了，可这深深的友谊，早已深深地刻在每一个人的心里。我感谢我的室友，他们是我最好的朋友，困难的时候是他们帮助我，失落的时候是他们开导我，开心的时候也是他们跟我分享。同时我还有其他很多朋友，他们是我最宝贵的财富。对待每一个朋友，我都真心以待。

大学教会了我如何学习、生活和做人，大学给了我一对翅膀，给了我智慧和力量，从此我能自由飞翔，飞向任何我想去的地方，任何风雨都不能够阻挡。

回忆四年大学生活，心中无限感慨，展望未来，相信依旧灿烂。临近毕业，我是激动的，学习中的收获、生活中的点滴、思想上的提升，让我久久不能释怀。大学的学习生活给我的人生谱写了一段美妙的乐章。它是生动的，更是多彩的；它是实实在在的，更是充满能量的，明天的我将会继续努力起帆远航。

新的生活就在眼前，我们已经站在起点，未来的路蜿蜒曲折，望不到头，我们摩拳擦掌，自己的路自己走好。一种憧憬，一种抱负，一种依恋，一种平静，我快乐着，享受着。

心海梦寻

数学与统计学院　孙福鹏

他是孙福鹏，就读于北京理工大学数学与统计学院，是 2016 级本科生，中共党员。四年中他获得院级及以上荣誉三十余项，为同学们带去超过 300 课时的串讲和答疑，志愿时长累计 200 余小时。他力求全面发展，在同学中起到了良好的模范带头作用。

学：拼搏奋进，斩获佳绩

1. 学习成绩

他于数学与统计学院上下求索，一直把获取知识、增长才干当成首要目标。他勤奋刻苦，曾多次名列数学系年级第一。他曾获人民奖学金一等奖 5 次。在 29 门专业课中，他优良率达 100%，共获得 10 门满分或者年级最高分，专业课加权平均分达 97 分，也因此获得了 2017 年和 2019 年国家奖学金、2018 年国家励志奖学金。他还获得北京市三好学生，首都大学、中职院校"先锋杯"优秀团员，校优秀学生标兵、优秀学生、优秀团员等三十多个荣誉称号。

2. 出国交换

由于突出的学习成绩及其他方面优异的表现，他曾赴美国罗格斯大学公费交换一学期，有幸结识了国际著名的数学家，拓宽了国际视野。他选择了美国数学协会 Fellow Yanyan Li 教授的偏微分方程研究生课程。在课上，他积极参与讨论，跟随老师拓展数学思维，了解偏微分方程的前沿领域，得到了 Li 教授的赞赏。他选了美国数学协会 Fellow Charles Weibel 教授的抽象代数 honor 课程，经常与 Weibel 教授交流，对教授研究的 algebra K–theory 以及同调代数理论有基本的了解。教授十分欣赏他的刻苦与虚心，允诺如果他要出国深造会极力推荐。在学期末他所选的四门课程均获得 A。

3. 科研竞赛

数学竞赛

在科研与竞赛中，他一直刻苦钻研。在第九届全国大学生数学竞赛中，他获得全国三等奖。虽然三等奖不是一个很好的成绩，却是一个非常好的开始。冰心曾说："成功的花，人们只惊羡她现时的明艳，然而当初她的芽儿浸透了奋斗的泪泉，洒遍牺牲的血雨。"他利用周六日的休息时间认真参加学院举办的五学期200余学时的数学分析邀请赛培训，不断巩固自己的基础，从中获益良多。虽然在交换过程中与第十届全国大学生数学竞赛失之交臂，他仍然不断进取，在第十一届全国大学生数学竞赛中获得二等奖。在刚刚过去的阿里巴巴全球大学生数学竞赛中，他以第408名的成绩进入决赛，为北京理工大学争光。

科研工作

他积极与老师探讨问题，参加到各科老师的讨论班中，探索学术的前沿，以第二作者完成的《正定矩阵流行上的系统控制算法》被EI检索期刊接受待发表，另有合作完成的学术论文被国际会议接受待发表。在2019年暑假，在美国佛罗里达诺瓦东南大学张福振教授与北理工举办的矩阵分析讨论班中表现优异，获得张福振教授的赞赏，并在后续帮助张教授核对其编著的《线性代数 第2版》中的习题答案。

从大三开始，他一直参加孙华飞教授的讨论班，在讨论班上讲代数拓扑等内容，并积极参与孙华飞教授的科研项目。他虽然有机会前往清华、北大以及中科院就读研究生，但是他毅然选择留在北京理工大学数学与统计学院，跟随国内信息几何第一人孙华飞教授继续深造，完成硕士学业，希望能为学校的学科建设贡献自己的绵薄之力。

德：献身志愿，构筑梦想

1. 社会实践

四年中，他积极参加社会实践，融于社会。在2017年12月成为一名预备党员后，他进一步为同学们服务。他是2016级学生服务大队优秀队员，寒假优秀社会实践个人。其所在暑期"情暖童心"数院青协支教队获校优秀社会实践团队称号，在北京市的评选过程中，获得优秀奖。在为期半个月的支教中，他的讲授深入浅出、通俗易懂，孩子们灿烂的笑脸就是对他辛勤付出的肯定。课间丰富的活动让他变成孩子们最好的朋友，倾听他们的问题，更倾听他们的梦想。2019年暑假，他参加了"北理工赴贵州遵义红色社会实践团"。在遵义纪念馆，通过学习、交流、品鉴长征精神，重温伟大转折。实践团通过在纪念馆的义务讲解以及在红军山上演出红色短剧向遵义市民展现遵义会议精神，以及北理工学子报效国家的青年担当；他作为学生代表接受遵义综合电视台的采访。实践团获评校级优秀团队。

2. 志愿公益

情系利智

雷锋同志曾说："人的生命是有限的，可是为人民服务是无限的，要把有限的生命投入到无限的为人民服务之中去。"他用自己的实际行动诠释了肩负的责任。在四年中，他在北京利智做志愿活动150余小时。他曾跟随利智中心工作人员带"心青年"去公园散步，为利智中心修理果树，给"心青年"摘杏子，与他们一起做有利于心智发展的游戏。在学校举办的"超凡杯""心青年"运动会中，他作为志愿者为参加比赛的"心青年"指路，鼓励他们积极参与比赛，和他们一起完成任务。在陪伴过程中"心青年"质朴的笑容是对他最大的慰藉。

串讲答疑

学院学业指导中心和校学业指导中心为他搭建了助人的平台，他作为组织者及主讲人，为同学们进行习题讲解及考试复习串讲，曾获评校学业指导中心优秀小导师。自大一第一次串讲以来，他累计为同学们带来了300余课时的串讲与答疑，覆盖多个专业学院与书院。他曾为睿信书院、北京书院组织了十余次大型串讲，总计超过1 000余人次。他在串讲前常常询问同学们希望的串讲形式与期待的内容，最关心的便是为同学们带去的实际效益。根据同学们的反馈，他灵活改变自己的讲解方式，尽可能为同学们带来最大的帮助。他深刻感受到，予人玫瑰，手留余香，在串讲过程中，他对所学知识的了解更加深刻。

品：勇于担当，踏实前行

1. 学生工作

课余时间，他积极参与学生工作。他曾任学业指导中心导师部部长，参与组织了多次学术讲座。在活动中，他认真负责，善于和老师、同学交流，形成良好的学习氛围，积极帮助学习困难同学答疑解惑。他曾任2016级本科生党支部组织委员、党支部书记，所组织的"红色1+1"党支部共建特色活动获得北京市三等奖。他以身作则，起到了良好的模范带头作用。他在服务同学、组织活动过程中有效锻炼了自己沟通、协调和团队合作能力。

2. 学生活动

他注重综合素质的提升，力求全面发展。在军训中，他从不畏难，因优秀的表现被评为军训优秀学员，形成的迎难而上品质奠定了以后努力学习的基础。他兴趣广泛，钟于阅读，他对所读书籍的独特思考深化了对学习生活的见解，更深化了所写作品的深意。在学院的"共读一本书"活动中，他用细腻的情感与独特的角度，打动读者，获得一等奖；在北京理工大学"品读·成长——我的读书故事"征文比赛中，他结合自身经历与《平凡的世界》的感悟，获得评委老师的青睐，荣获一等奖；在北京理工大学首届"瞭望杯"大学生新媒体文化节活动中，他积极投稿，获得三等奖，成为北理工特约撰稿人中的一员。"12·9"合唱中有他为学院荣誉奋斗的力量；运动会的赛场上有他挥洒汗水的身影；"12·9"长跑更有他缅怀先烈、重温历史精神的足迹……

大学的生活对他来说是无数个直到午夜2点的刻苦学习与清晨6点的充满斗志，是认真规划的学生工作，更是与身边同学的共同成长与进步。"天将降大任于是人也，必将苦其心志，劳其筋骨，饿其体肤……"这是他最喜欢的话。学习中的每一次心力憔悴都是超越自我的基石，前进路上的每一次驻足彷徨都是对青春的辜负。漫漫长路，逐梦心海，以梦为马，定将驰骋青春流年！

我在北理工的四年时光

物理学院　李　健

不知不觉间，我已经快要在北理工度过四年的时光。回忆就像波涛汹涌的大海，不断地向我涌来。让我撷取其中最绚丽夺目的几朵与大家共同分享。

课题组内

初次和张安宁老师见面是在大二下学期的一个下午。在赵清老师的引荐下，我认识了刚刚来到北理工的张安宁老师。张老师的实验室不大也不小，看起来很方正。当时对科研仍然懵懂的我并不知道，这位令人尊敬的老师，以及这间实验室，会如何影响我在北理工的生活。

刚刚加入课题组的我和另外两名同学每周都要去实验室帮忙，那时候的我并不是一个优秀的学生，成绩平平无奇，整日庸庸碌碌，忙着应付各科的作业。我并不明白我为什么要加入课题组，为什么要用那么大的精力去读厚厚的博士论文，为什么要在实验室里一泡就是一整天。每次从实验室回来，看着北操场周围橘黄路灯的灯光，我都在思考这件事。当时的我并没有很强的魄力，总是瞻前顾后，甚至也曾暗自盘算要不然不要去了吧。后来的我慢慢发现，这间不大不小的实验室有着无与伦比的魔力，激光器一打开，我的精神就会全部集中在上面，光学平台上的每一个螺孔仿佛都代表着无限的可能。每一次和张老师交流问题，每一次和学长学姐或者同龄的同学做实验，每次向不了解我们实验室的人讲解我们的研究内容，我都感觉被知识灌溉的充实和有所成就的骄傲，就这样慢慢地我爱上了在实验室、在课题组不断接触新知识，不断发现问题、解决问题的感觉。

加入张老师的课题组也确确实实改变了我的生活。暂且不论我在这里接触到的知识，先谈谈这件事对我性格的影响。在加入课题组之前，我并不知道我要追求什么，生活平淡，没有斗志，虽然有着快乐，但不能避免空虚，这一切在加入课题组之后开始了转变。我开始慢慢明白，我所学习的一切知识，经历的一切锻炼都是有意义的，而在那之前，我总是在耗费大量的精力去找寻这一切到底为什么需要我去承担。消极的态度必然导致消极的结果，而踏实坚定的心态能让人更优秀。我学会了该以什么样的心态面对问题，而不是抱怨为什么会存在这样的问题；我学会了如何不卑不亢地展现自己，而非哀叹无人可以识别良材；我也学会了如何与人交流、如何换位思考，而非白白喟叹命运的不公。

在课题组中，我还接触到了前沿的知识，学会了如何去学习、如何去检索、如何去思考。每周在中关村举办一次的组会，有机会我就去参加。在这里，我看到大家分享的全新的观点闪动着智慧的光芒，也看到他人付出的努力由辛勤的汗水浇灌，逐渐地，我被量子光学的知识折服，我沉浸其中，贪婪地学习我能接触到的知识，用心去理解其中的想法，享受在这条道路上求索的过程。

感谢在课题组中的时光，让我变成了更美好的自己。

教室内外

刚刚来到北理工的时候，我其实不适应大学的教育方法。从贫困县走出来的我，有太多东西从来未曾接触过，甚至从来没有听说过。

我清楚地记得在大学一、二年级我的成绩非常差。大一上学期线性代数出成绩是在一个晚上，当时我们班正在聚餐。看完成绩之后，我故作镇定，内心却在想着：为什么我成绩不再像高中一样优秀了呢？闭塞的眼界对我的学习生活产生了真切的影响，我不懂得为什么要学习一些科目，不明白未来的我将如何从中受益，对不同学科特殊的思维方法也一窍不通。对我而言，课堂上的知识不再生动有趣，符号、公式、代码变成了难以理解的甲骨文，坐在图书馆里学习的时光变得越来越难熬。

幸运的是，我并没有一直沉沦下去，我慢慢找回了属于我自己的自信。这种转变在大二上学期开始发生。激发我这种转变的，是赵清老师教授的光学课程和史庆藩老师教授的数学物理方法。在赵老师的光学课上，我发现了我的兴趣。我本身就对摄影很感兴趣，在光学这门课程中，我发现了研究光场变化的乐趣。光学中物理规律的形式通常是简洁美观的，但是在应用中却可以千变万化。通过这门课程我忽然发现我的兴趣也可以成为事业，人生忽然就燃起了斗志，想要沿着这个方向脚踏实地走下去。史庆藩老师的数学物理方法课程，则让我打消了心中关于学到的东西如何应用的疑虑。在这门课程里我看到了数学如何巧妙地应用在解决问题中，也看到了物理的内核如何影响着数学工具的使用。从那时起，我感受到了所学课程的精妙，也是从那时候开始，我开始主动地将学习到的各种知识与实际应用结合起来。每当解决一个生活中的问题，只要运用到了所接触过的思维或者知识，我都感觉到无比的踏实和满足。

在那之后，我逐渐认识到自己的能力。我开始积极地参与各种活动，接触不同的人、不同的事物、不同的文化。我慢慢地适应了大学的学习与生活，从一个怀疑自我的孩子一步步成长为可以连续在实验室学习一两个月的学生，一步步成长为能够忍受孤独寂寞在选定的道路上不断向前的求知者。我的生活和学习都开始慢慢变好。

感谢在教室内外的生活，让我变成了更从容的自己。

考研前后

和冯君去图书馆一起申请图书馆的考研专座的那天，是 2019 年 10 月 17 日。原本十月中旬寒意还没有那么浓重，却因为凌晨五点就起来排队感觉天气分外地冷。我们好运气，在图书馆四楼选到了两个并排的座位。从那时起到考研初试之前，每天我们都会在图书馆见面。

考研的故事总是会和情绪崩溃联系在一起，我也不例外。不过我的情绪崩溃不是因为跟不上复习的进度，而是因为饿。是的，因为饿。刚刚开始准备考研的时候，我下决心要一边准备考试一边降低体重。在开始的一个月里，我每天的饮食都是窝头、红薯、青菜、煮玉米、煮鸡蛋、煎鸡蛋、炒鸡蛋，还不敢多吃。一个月以后，我吃着窝头就流下泪来了，不是因为窝头有多难以下咽，是新食堂一层的面条看起来太诱人了，而我整整一个月没有吃到过面条、馒头和米饭了。复习的压力和控制饮食的痛苦一并涌上心头，情感一瞬间就被击碎了。在小树林里踱步了将近一个小时之后，我决定改变我的目标，我要追求一个健康的身体，而不是一味地去迎合别人的审美标准。从那之后，我依然追求清淡的饮食，但是不会为了减肥而刻意节食。我按时去健身房和游泳馆，即使到了考研初试之前，也保持每周至少两次锻炼身体，这使我有能力面对考研初试的压力。

准备考研的过程中，最大的快乐来自两件事：一是和最爱的人见面；二是每周末到民大西路寻找好吃的小吃。我和我的女朋友相距很远，平均每个月才可以见一次面。不见面的时候，我们各自努力，互相扶持，一同准备考研的内容。见面的时候我们紧紧地把握宝贵的相聚的时光，去看盘算了很久却不舍得一个人去看的景点，去吃在学校吃不到的好吃的。我非常感谢我的女朋友，她为了我愿意考到北京的学校，在我的准备考研的过程中，也给了我最多的支持和帮助。周末的傍晚去民大西路找好吃的食物的快乐是单纯的，工作日中我会尽可能地避免吃到高碳水、高脂肪的食物，而到了周末，这些食物不再是禁忌。在亮黄的灯光下，分量十足的美式炸鸡、表皮酥脆内心细软的驴肉火烧、红油饱满配菜丰富的新疆米线……不起眼的店面里藏着能够满足人的灵魂的力量。

研究生初试之前，我得了严重的口内炎，每天吃饭或者饮水都万分痛苦。刺痛来临的时候，我总是感到一种激愤，却又不知道该厌恶什么。口内炎持续了一个月，在校医院吃遍了可能管用的药物也未曾见效，历尽折磨的我已经将口中的痛苦化作学习的动力，每次疼痛后，我便更努力地学习。

故事的最后，我成功地考上了北京理工大学物理学院的研究生。本科和北理工的四年的故事即将结束，未来我会在北理工继续努力，继续开拓向前，谱写青春的新篇章。

感谢考研的时光，让我有勇气接受磨难，让我有机会和北理工续写属于彼此的故事。

追寻梦想的道路不全是一帆风顺的，也会有荆棘磨难。只有经历了磨难的人生才会拥有更加丰富的内涵。我们肩上始终承担着一种使命，就是把脚下的路走好，写就人生新的篇章，绘制人生宏伟蓝图。

第四篇　人生梦

以终为始，不忘初心

宇航学院　蔡一凡

其实在德育开题的时候我就在想：三年后的今天，我能为大家带来什么样的分享，而我的分享又能为大家带来什么样的启发和价值？

当时的我，想从实际工程应用的角度出发，在航天相关知识的基础上，自学商业知识与应用；想去贫困山区支教、去新区实地调研、去公司大厂走访；想在主持、辩论、演讲上通过一些大型活动历练自己；想和一些小伙伴一起扎根社会、躬行实践；想延续中学的规划，实现成年之后的经济独立……

现在，我都做到了。

那么回头看看，除了这些明确的、外化的目标之外，我还收获了什么呢？

当时的每一个目标都是"我想怎么样"，主语都是"我自己"。但实际上，除了个体的得失以外，更需要我们关心全局长久的协调与发展。

下面我把关于这个问题的一些思考分享给大家。

一些思考

1. 读书与生活

我们经常会有一个疑问，读书有什么用？我认为，读书的本质从来不是把人和生活剥离开来，而是让我们和生活结合得更紧密。

比如，我曾给一个成绩还可以的孩子做高考辅导，备课的时候我发现，很多几乎忘光的知识，想把它理解到"能用"的程度，与那个孩子相比，我的速度非常快。那么我和那个孩子有什么不同呢？我比她多读了四年大学。

在四年的课程训练里，我们学习到如何把握事物的主要矛盾，如何把理论应用到实践。这就是读书带给我们的。跳出课本之外，在我们处理其他事情，乃至生活中的方方面面时，皆是如此。

2. 生活的目标

从读书转向生活，我认为，很重要的一点是以终为始。

什么意思呢？比如在期末考之前，如果老师带我们复习了重点，那么备考的效率就会高很多，因为你知道，你的目标是什么、关键节点是哪些。

其实在生活中也是如此。人生有无数种可能，但每个人只有一个人生，所以我们要明白自己的目标是什么。它可以是一个显性指标，如财富、事业，也可以是一个隐形指标，如物质、精神。最重要的是，我们要明确这个目标，在感性和理性的博弈中以终为始、知行合一。

3. 目标的执行

在自控原理中我们学到，确立了期望目标，随后关键的是执行和反馈调整。

随着本科生活的结束，我们站在人生的十字路口，每个人都做出了不同的选择。就像前段时间 B 站的《后浪》里所说：我们在同一条奔涌的河流。但是我想说的是，并不是每一滴水都会顺利奔至大海。在这个过程中，需要我们主动执行目标。

我们做了三期"担复兴大任，做时代新人"的主题教育活动，在这个过程中我们按时、按点以不同的形式促进"学思践悟相统一"的目标。这就是对目标的切实执行。

一些认知

每一天的我都不是昨天的我，每一刻的世界也不是我们所了解的那个世界。通常对于这样处在不断动态变化中的事物关系，我们倾向于给它建立一个认知模型，探究它背后的规律。我也建立了一个模型，它的核心是 GAME。

不知道大家怎样理解 GAME 这个词，是红警，魔兽？还是围棋？抑或是长跑，高尔夫？其实抛开这些传统意义上的博弈项目，我们所经历的一切活动，本质都是 GAME。

为什么这样理解呢？我提取了 GAME 的三个元素：法则、规则和角色。

1. 法则

首先我们聊一聊法则。在这里，身处宇航专业的我想和大家分享一本天文学家卡尔·萨根的著作《暗淡蓝点》。暗淡蓝点特指从遥远的太空所看到的地球的样子：一颗自己不能发光的行星，太空中的暗淡蓝点。

然而就是在这样一个只有 0.12 像素的点上，曾经存在于地球上的每一个人都在这个暗淡蓝点上度过了他们的一生。我们 DNA 里的氮元素、牙齿里的钙元素、血液里的铁元素、食物中的碳元素，都是曾经宇宙大爆炸时千万颗星辰散落后组成的，我们的每一个细胞都书写着整个宇宙的历史。而当我们消亡的时候，这些碎片又回到宇宙中，进入下一个重生的轮回。这就是宇宙运行的法则，不受任何人的影响。

其实不只是宇宙运行，我们所经历的每一件事，大到填海造田、江河奔流，小到呼吸俯仰、细柳抽芽，其背后都有着这样的法则存在。它凌驾于物质本身之外，不以人的意志为转移。

2. 规则

接下来我们聊一聊规则。那么什么是规则呢？当我们玩游戏的时候，游戏公司给我们制定规则，规定你要完成什么样的任务才能升到什么样的级别；当我们谈企业合作的时候，双方协商制定规则，规定各自的权利和义务……这些或他人制定、或协商而成的规则都有一个特点，就是"你认可，你遵循"。那么我们可不可以自己给自己来制定规则呢？

曾经有人分享过一个理论：当物种更高级、环境更复杂，其生存、成长所需要的能量就越多。对于企业如此，对于个人也一样。当我们对自己有一个比较高的要求，或者是随着成长来到了更复杂的环境中时，给自己制定生存、成长的规则，就十分必要与紧迫了。

就像前段时间在离考研仅剩两个月的时间时，我改变了考研的目标。因为在参加一个微小卫星项目的时候，我发现，我一直在按照别人给我制定的规则成长，并没有给自己建立一个人生的规则，从而沦为这场 GAME 的普通玩家。

所以我开始尝试给自己更多的主动性。我想做商业航天，我想让高精尖技术成果能够惠及更多人。在这个过程中，有许多条件需要一一被满足，而当我踏踏实实地满足了这些条件后，就会得到那个结果——这就是我给自己建立的规则。

这个时候，规则不再是外界给予的条条框框，而是我们自身认可、遵循的实现价值的过程。

3. 角色

现在我们有了不以意志为转移的法则，有了标定自身价值的规则，接下来我们聊一聊这场 GAME 的角色。我们每个人都有许多不同的角色，我们是父母的儿女、高校的学生，还可能是某些组织的中坚力量、未来各行各业发光发热的优秀人才。

其实，我一直在想，为什么从大学生到合格社会人之间会存在一个差异？在很长的一段时间里，我都没有办法用语言精准地表述这个问题。直到前段时间读了《领导力30讲》，我才对这个问题有了一点灵感。

在《领导力30讲》的第1讲里，刘澜老师就介绍了一个概念，他说"领导力是领导职位的责任，领导职位是领导力的资源"。这个观点带给我相当多的思考和启发。其中一点，就是我们的"合格社会人"和"大学生"是否也存在这样的关系？

我们可以想一下，在我们每个人的意识里，是完全认同我们"大学生"的这个身份的，因为在长达十二年以上的教育里我们接受到的都是这样的理念和思想，甚至"大学生"这个角色的身份认同已经被从整个与社会共处的人生中剥离出来，自成一方天地。但是实际上，"社会人"是"大学生"的同等地位角色，"大学生"是"合格社会人"的资源基础。

当我们意识到这一点的时候，才会主动迈开向"合格社会人"进发的脚步。

一些总结

聊到这里，我们已经共同构建出了这样一个模型：它以 GAME 为抽象本质，以不因意志为转移的法则、衡量自身价值的规则和自我定位认同的角色为构成要素。其实这个过程也回答了三个问题：就是我们怎样认识世界、怎样认识价值和怎样认识自我？

那么这个模型是不是通用的呢？对于企业，法则就是"势"，规则就是"德"，角色则是"舵"。对于企业如此，对于组织、行业，乃至国家也是类似。那么迁移到个体身上呢？在我们学业深造上、工作创业上、为人处世上，好像也同样适用。

反观我们的成长，也正是这样一个不断思考、实践、总结、沟通、再思考的螺旋上升过程。

我很感激我是一个四肢健全、耳目清明的普通人，感激父母无论何时都给予我最大的支持，感激我所遇见的每一位师长的指引和鼓励，感激航工大家庭里每个人的友爱、真诚、团结、温暖。

我们是对社会负有责任的人，可能偶尔也有懈怠心理，可能难以效仿先贤修身、齐家、治国、平天下，但是至少，我们可以做个"对社会有用的人"。

以终为始，不忘初心。

与君相逢，不胜感激。

云过天空,行思坐忆

机电学院　邱泓程

时间狡猾得像一条狐狸,让你失去且不会怪罪它。四年青春,我真想把它刻在镂空表盘中间,但散沙究竟是握不住的。虽有遗憾,但我无悔,我可以拍着胸脯说我没有浑浑噩噩耗掉这四年的光阴,只是每个人经历着不同的成长过程而已。这四年是我人生中最珍贵的四年,经历过后,感触颇多。

初来乍到

一别荆州,初到京城,物华天宝,人杰地灵。在我踏入北理工校门的那一刻,我和大家一样有着复杂的感情,一样惶恐,一样兴奋,一样期待。在简单结识了舍友,熟悉了大学生活后,我便投入与未来的博弈中。

延续着高考后学习动力的余热,我踏实听完了每一节课、修完了每一门课程。受班主任委托,在上学期的每个周末我都会在理教楼预约一个小教室,给班里的同学进行微积分串讲。虽然备课、择题这些事情比较复杂,但我有热情并愿意去做。首先是为了这个刚成立不久的新班级,我想借此增加同学们互相交流的机会;其次是因为我特别希望能找到一位志同道合的朋友,能和我一起讨论纯数学知识或是题目中一些技巧性的东西,这是我的爱好,但可惜一直未能实现。高数前面几章节的内容对我来说很超前,因为我在脑子里没有建立大概的模型框架,那时的我特别慌张,担心上课听不懂,担心开头就落在了别人后面。为此,我加入了很多数学习题群,在群里问一些看起来很弱智的问题,很多热心的成员耐心替我解答,逐一解决我作为一个初学者遇到的问题,这为我以后的自学打好了基础,我真的非常感谢那些曾经帮助过我的陌生人。

在课余时间,我报名加入了院内和校内的多个组织,最终被北理工校级红十字会录取,成为这个大家庭的一员。之后和大家相处的这些年也证明了我当初选择加入红十字会是多么正确的决定。在红十字会工作的这段时光里，我和大多数"萌新"一样都是先从发传单、搬物资这些简单的工作开始，直至后来多次组织急救培训、献血车进校园类似的大型活动。红十字会给予我的不只是参加活动时那种快乐的参与感，更给了我珍贵的人脉资源和从课本中无法获得的为人处世之道。

我无忧无虑地度过了大一，体验了高中时憧憬的大学生活。那时的我，对未来没有规划，单纯得像张白纸。虽然看不清方向，但我至少没有选择堕落，我清楚我在向前走。

摆正心态

大二开学之初，我已经在学校待了整整一个暑假了。为了备考全国大学生数学竞赛，我在学校上了两星期的赛前培训，刷了一本竞赛习题集。我很看重这项竞赛，且每时每刻觉得自己已经准备得足够充分了。但比赛结果并不令我满意，只有二等奖，而与我一同备战的外校的高中同学拿了赛区第一名、全国第六名的成绩。我衷心地为他感到高兴，但也一个人失落了很久。这件事对我打击非常大，像在我得意的时候被敲了当头一棒，我瞬间清醒。我意识到，做事要把心态放平，谦虚谨慎，每一步走得踏实才能做到胸有成竹。我能认清自己的缺点，可从本质上改变是漫长的、终生的，在之后的学习生活中，我也在时时刻刻提醒自己这一点。

记得期末那段时间参加全国建模比赛，我和两名队员在咖啡馆里坐了两天两夜，重复着画图、解方程、仿真的工作。我们有时会感到枯燥，意见不合的时候会争论很久，但我们三个人没有一句怨言，因为大家心里都有一个共同的目标。在最终提交完论文的那一刻，你瞪着我，我瞪着你，伸伸懒腰，如泰山压顶后的如释重负，最终的结果也没让我们失望。

大二这一年是学习任务繁重的一年，但我的志愿工作没有落下。由于我工作积极，成功进入了会长团，并担任急救部部长一职，带领刚入会的学弟学妹们参加志愿活动。

在大二下学期，部分老师的上课节奏发生了很大的变化，在课堂上讲得很浅，要求没有特别明确。我没有正确领悟到老师们的意思，导致那一学期的成绩并不是很好，加上自己已经定了出国留学的目标，需要考虑的事情突然变多，一下子全部涌上来，那一刻发现自己的心智必须要成熟了。

迷茫前行

2018年7月初，我离开了风景迷人的良乡校区，搬到了交通便利的中关村校区。暑假期间我依然没有回家，我的班主任代老师给了我一个科研项目的机会，那两个月我在实验室一边刷题，一边做着老师交给我的科研任务。有一天代老师见我在看一本很厚的习题集，他的表情很惊愕，问我为什么还在刷数学题。我告诉他缘由后，代老师语重心长地对我说："泓程，你要清楚自己到底要什么，把事情做精细固然是好事，但你也要向前走。"我回到宿舍后仔细揣摩着老师的话，思索着：我到底想要什么，我的方向在哪里？这些问题在我心中都没有确切的答案，那一刻我感受到了彻彻底底的迷茫。慌乱之下，我给自己定下了出国的目标，大三这年，我一直在朝着这个目标前进。

我把学习的重心放在了英语和科研上面。但我犯了一个错误，在专业课学习的过程中，我只重视我比较喜欢的数学课程，而对其他课程的学习没有深究，这也是我成绩下降的重要原因。出国读研这个决定我做得很仓促，没有深思熟虑。现在来看，当初我身边从一开始就立志出国读研的同学，他们在每一阶段都有着明确的规划，而且自己会去挖掘广阔的信息渠道。反观我自己，把自己锁在象牙塔里，只顾着学习英语、专业知识，天真地以为只要成绩达标，机会自然会找上门。当我意识到错误时，已经太晚了。在我准备材料的时候，我发现流程并不简单，特别烦琐，有很多必要的文件已经来不及办理，加上没有和家长及时沟通，出国读研计划彻底宣告失败。

庆幸的是，我给自己留了一条保研的后路，熟悉了很多出国方面的办理流程，而且我的英语水平有了很大的提升。

自新之路

出国计划失败后，我开始着手研究保研流程。由于暑期学院组织实习和夏令营时间有冲突，我没有加入任何外校的夏令营，只能寄希望于推免。我给北京的其他两个学校递交了申请，北理工作为保底选项，结果我果真走到了我的备选路上，我作为2016级保研的学生被北京理工大学拟录取。可我还想去法国做毕业设计项目。但事与愿违，全球暴发了新冠肺炎疫情，2020年的2月是国内疫情最严峻是时期，也是中国最困难的时期。更不幸的是，来北京领签证的我被困在了学校，家回不去了，法国也去不了了。我急忙联系班主任，将自己的情况上报给了学院。在我进退无门之际，隋丽老师伸手拉了我一把，给我安排了一个毕业设计项目，我也在校内就此安定了下来。

身处校内的我形单影只、孑然一身，虽然孤独，但是清净。我开始长达三个月的闭关反思期，现在我终于明白了问题出在哪里。

学习是通过各种途径获得知识和技能的过程，它只是一种手段，绝对不应该成为目的，最终的目的应该是改变行为、升级自己。我们之所以要学习，终极目标是为了自我成长。如果没有成长，那一切的学习都是在浪费时间。

那么什么才是成长呢？在我阅读书籍、深思熟虑过后，我总结了两点：

（1）你的思考方式有没有升级？

（2）你的行为习惯有没有改进？

过去的我把学习当作目的，并为自己的学习行为而洋洋得意，所以我机械地阅读、盲目地体验，却很少思考学习之后的路要走到哪里。

我当初没能明白，参加红十字会本身并不是目的，而是为了提升自己、探索自我，最终指引自己的行为。读硕士，不是非得出国才有必要，那是为了多打磨一个技能，好在未来多个选择的机会。保持好奇心、尝试新事物，不应该作为行为的目的，它只是方法，帮我们找到感兴趣的、长期坚持的发展方向。

临近毕业的我偶然发现，过往的一切都是因为我的认知不足、看问题肤浅，从来没触及本质。那时候，我的眼里只有表象，从没试着去挖掘事情背后的意义。不过现在想来，即便当初努力挖掘也不一定有收获，因为处于那个认知水平的我遇到的问题，无论如何也没法凭借当时的认知找到答案，否则就不会有问题了。根本途径，是升级自己的认知系统。

被困在学校的这半年里，我改变了学习方法，读书范围直接缩小到认知范围，凡是跟意识、思考、感觉有关的书籍，我都会拿来读，专攻能改变我大脑的书。最初的时候，都不算读书，简直是啃书，我读得很吃力，可收获真的很大。我一次次被书中的观点震惊到，被自己过去的无知吓到。这里我举几本对我的认知系统影响深远的书，如《把时间当作朋友》《如何达成目标》《Mindset》等。

后来，我在阅读过的众多书籍中找到了读书的理论模型——T形读书法。横杠表示广泛的阅读，竖杠表示选择一个对你来说重要的领域和方向纵深研究，尽自己最大的努力搞清楚这个领域的要点，然后大胆地实践运用。在一段时间的专攻后，我意识到，决定人生高度的根本不是什么五花八门的方法论或技巧策略，而是对人生规律和做事原则的底层认知。简单来说，就是那些最简单、最普世的智慧。人人听得耳朵起茧了，但就是很少有人做到的道理：积极主动、深入思考、知行合一、双赢思维、成长比成功更重要、社会价值决定了个人价值，等等。我们最需要学习的，就是真正认知到这些智慧的重要性。再遇到迷茫和困惑的时候，我会记录下来，可这次不是为了发泄情绪，而是为了审视和纠正。我会设法把自己从困境中解救出来，继续前行。

在我看来，高中的学习经历和大学的学习经历让我真正明白什么是主动学习，什么是有效学习。过去学的是知识，可知识是死的。现在学的是思维，思维是活的。大学的学习应该是为了自己、为了提升思维系统、打磨专业技能，探索未来发展方向，然后逐步培养更高价值的自我。

也许，我的本科教育该结束了，但我觉得真正的学习才刚刚开始。我希望在读硕士的这三年里专注于三件事：

（1）继续升级自己的思维系统，将自己的大脑研究透彻，这是内功心法。

（2）打磨一项个人技能，拥有一技之长，而非成绩，这是比武招数。

（3）通过阅读、咨询，搜集那些毕业后的师兄师姐们的情况和他们的感悟，再决定自己要如何度过校园时光。别把自己当作不谙世事的学生，学会从社会人的角度看待这段时间，才会清楚什么事情最重要。这是决胜未来的目光。

过去的我活在了当下，所以被困在了未来。我希望现在的我，让行动活在当下，让认知活在未来。重新出发，也是美妙的开始！

我与我的大学时光

机械与车辆学院　潘飞羽

匆匆四年，就这样不经意间从缝隙中流逝。2020年的不平凡，使我们终究无法完美地与大学道别，过往的种种经历，将成为刻在我心底的回忆，永远不会被抹去。我的大学时光，或许因为一些遗憾而略显平凡，但是，它绝对不会令未来的我回忆起时，感到枯燥。

大学之始——一个好的开头

1. 与机械的结缘——所谓兴趣

我在大学就读机械专业，绝不是因调剂或是其他的一些巧合。在高考填志愿的时候，本着"非机械不读"的原则，我将机械工程专业填做第一志愿，顺利来到了北理工。关于一个女孩子为什么会去学机械，很多人包括我很多亲人都很不解。我妈妈倒是觉得无所谓，作为小学数学老师，她始终把培养学生兴趣放在第一位，她觉得我既然喜欢机械，那么大学就读这门专业也完全没有问题。因为，哪里会有那么多真正选到自己"不适合"的专业的情况，大多或许只是自己对其"不感兴趣"罢了。兴趣是我们最好的老师，也是我们前进的极大推动力，有了兴趣，不管前路有多大的困难，我们终能保持着必胜的信念去勇敢克服它。

我高中对于机械的执念，其实也来得挺莫名其妙。因为小时候我喜欢玩乐高，兴趣持续得久了，以为机械也是差不多的东西，所以就爱屋及乌，连带着机械专业也开始喜欢上了。幸好我的直觉还是比较强大，到了大学，我对机械的兴趣并没有半分消退。

选择喜欢的专业，是我在大学迈出的第一步，这一步也为后续的大学生活提供了好的开头。

2. 我想要保研——所谓目标

"大学毕业之后继续读研究生"，是长辈和老师一直从我小时候就在灌输的思想，我也对这一点表示认可，因此，刚进入大学，我就已经有了读研的目标。但我此前一直以为，考研是通往这一目标的唯一道路，而我本人对于有着"第二高考"之称的考研是心怀畏惧的。就算是最后不得不考研复习了，我也只会是属于硬着头皮上的那一种。然而，非常地感谢北理工，在新生入学的某次讲座上，老师为我们介绍了除了考研的另外几种能够读研的选择：成绩保研、竞赛保研、保资、支教，当然出国也是一种读研的选择。此外，在讲座中，我第一次知道我们有机会通过推荐免试直接到诸如清华、北大、上海交大、浙大这类外校就读研究生。这次讲座无疑打开了我新世界的大门，我向来又是相对有一定追求的人，因此我把"争取保研上交"作为了大学的一个终极目标。之所以前三年的目标不是保研清华，因为我觉得以我愿意投入学习的精力来讲，这一目标是无法实现的，反而去上海交大更容易一些。

要想保研，就需要有好的成绩。那就会有人问了，大学三年为了保证有足够好的成绩保研，付出的时间和精力加起来可能不比准备考研的同学少，为什么我会避考研如猛虎却欣然接受"保研"这个选择呢？在我看来，原因有二。其一，考研给我的心理压力远远大于保研，它的容错率非常低。复习存在某处疏漏，或考试时因为一些原因发挥失常，都容易导致考研失败。一旦失败，等待我的无非是"二战"或工作这两个我都不愿去面对的选择。基于这一个原因，我对于考研成功上岸的前辈和同窗们都是心存敬意的。其二，由于前十二年小学、中学的学习经历，我对待每一门必要的课程都是认真的，我想自己能将它们完成得很好，因此大学课程也不例外，这样的态度也注定我与保研这条路具有更好的相性。

最终，我在刚入学一周，就决定好了我未来四年前进的方向。

大学之中——脚踏实地

1. 学习——方法、坚持与自律

要想取得足够好的成绩，我认为是没有捷径可走的，唯有脚踏实地，才能触及"星空"。从我的学习经验中，总结出了三个取得好成绩需要具备的关键词。

首先，是适合自己的学习方法。我一向认为大家都是经历过高考的人了，并且都顺利进入优秀的北京理工大学学习，所以从学习方法上来讲，大家应当都是具备的，别人是怎么学的，也仅能作为一种参考。但是在我看来，大学的学习方法相比于中学，应当是更多一些主动性，因为大学课程从细节知识点上来讲完全不能与高中相比，因此我们需要自己对课堂上讲的知识点进行一些总结整理，无论在什么时间，以什么样的方式。我并没有课前预习与课后复习的习惯，但我会在课堂上认真听讲，课后认真完成作业，在这两个过程中弥补未进行预习与复习带来的缺点。此外，我还有个从小学开始就形成的学习习惯，我的学习过程是具有"奖励性质"的。我会自己设定小目标，完成这个小目标后就对自己进行奖励，比如弄明白这道题的解法就奖励自己看一集动漫，也就是先学再玩的习惯。因此我完成学业任务从不拖延，这对于我这个本质爱玩的人来说是一个有重要习惯。

对于第二个关键词，坚持，是与此前写的内容不可分割的。因为有了目标，我们就会愿意为了做到一些事开始坚持；我们对这件事的兴趣有多大，我们能坚持的动力就有多大。不论做什么事，坚持都是个尤为重要的特质。如果能坚定信念不放弃，等待我们的未来，不敢肯定绝对辉煌，但也一定值得我们小小的炫耀。

最后一个关键词，也是我认为最重要的一个关键词，是自律。或许我们小时候就接触过这样一个观点："现在努力读书，以后上了大学就轻松了。"但是显然，这是具有误导性的一句话。或许我们在大学可以不用像高中那样让学习占据我们除了睡觉、吃饭之外的所有时间，但是我们对待它的态度是不应当改变的。我的高中班主任曾对我们说过一句话："不要妄想着读了大学会有多轻松，实际上，高中毕业之后你们应当再继续奋斗至少十年。"也是因为有这句话的缘故，在大学我也依旧在不断提升自己的能力，不会懈怠，不管周围的诱惑有多大。大学与高中最大的不同就在于——再也没有人会监督你学习了。不会再有集体的晚自习，不会再有人督促你完成作业，甚至有时候，你上不上课都或许不会有老师在意，自己在大学的一切都由自己掌握了。而分界线也由此产生：自律的同学总能很好地规划自己的学习与生活；而缺乏自律意识的同学就此放飞自我。一款健身软件 Keep 的启动界面是这样一句话："自律给我自由。"我非常认同，无限制的放纵不是真正的自由，真正的自由应当建立在一定的约束下。对自身进行合理的约束管理，对自己并不会有任何坏处。

2. 爱好需要被兼顾

在大学确实不用像高中那样从早到晚学习，过着"学习机器"一样的生活了，因此，在大学的学习之余，便是成全我大大小小的爱好的时间。我的爱好非常广泛，宅在家的爱好有看动漫、看漫画、看小说、打游戏，最近还新增了烘焙这一爱好；外出的爱好有逛街、K 歌、旅游；跑步算是我的特长，也是我的一个爱好。只要我们想，大学生活就绝对不会无聊，而我们也完全有时间去实现这些爱好。学好、玩好是过去我理想中的大学生活，而如今看来，我应当也是做到了。

3. 遇到挫折时

大学四年，不可能没有受挫的时候。刚进入大学，我便由于对新环境新阶段的不适应而与挫折打交道了。这些挫折其实很像一道道难题，只要掌握了解决方法，就能轻松迈过去，随着每一次难题的解决，我们的能力也在渐渐强大。"想想我们小时候，可能会觉得用筷子就是天大的难题了，然而对于现在的我们来说，已经是完全不费多大力气就能做到的事。每一个坎，在你越过的时候都是非常困难的，一旦跨过了，回头再看，就会觉得当初的困难根本不值一提。"这段话来自以前玩的某个游戏，但我一直到现在都依旧受用。挫折是家常便饭，但因此丧失斗志是最懦弱的做法。回望过去遇到的种种"磨难"，现在的我们可能都会觉得不值一提了吧。

大学之末——努力终归开花结果

转眼间，大学的四年时光将要结束。我的大学生活是非常充实的。四年里，我超额实现了我的目标，以专业综测与纯成绩均第一的排名成功保研清华大学，同时也获得了一些荣誉称号与奖学金；很好地发挥了我短跑的特长，在三年院运会中获得女子 100 米第一名三次、200 米第一名两次，接力赛获得过二、七名；因为对动漫的兴趣自学日语，等待今年 12 月的日本语 N2 等级考试；也学会了一些技能，比如撰写策划书、用 Pr 剪辑视频、规划旅游出行、提升游泳技能考到深水证等；还利用周末节假日等闲暇时间领略过十余个省份、数十座城市的美好风光。

若说大学还是否留有遗憾，那肯定也是有的。没能在科创竞赛中取得成就、差 0.17 秒打破院运会女子 100 米记录、没办法在临近毕业时与室友同窗好好道别……虽有些许遗憾，但我仍会对过去一直在努力的那个自己说："你做得非常棒！"

一个阶段的结束，意味着新的阶段的开始，我不知道自己的未来是什么样，但我现在能做的，就是努力让未来的自己不会感到失望。我也坚信着，这些努力不会白费，它们终将开花结果。

谢谢你，我的大学！

别了，我的大学时光！

从青春走向成熟

机械与车辆学院　张　泽

回顾大学四年的生活,洋洋洒洒,有悲有喜,有因为不断突破自我而欣喜若狂,也有因为初尝败绩而垂头丧气。不论是成长路上的荆棘,还是成功路上的坎坷,我们都从青春走向了成熟,完成了青春的蜕变。我的大学分为三个篇章:年少轻狂、堕落迷茫、充满希望。

年少轻狂

初上大学时,我还没有褪去高中的青涩,没有体验世事的无常,没有经历世间的艰辛,好像一张洁白的纸,不留墨迹,没有褶皱,完全一副天真无邪的样子。自从我上学以来,一直都是班里的佼佼者,骨子里有一种谁都不服的傲气,不愿意低头,认为自己都是对的,也曾天真地认为自己可以改变规则,认为自己只要足够努力、足够出众就可以获得老师的青睐。

慢慢的,接触学生工作、社团活动,逐渐结识了许多优秀的学长、学姐,他们虽然只大我一届,但是已然理解了大学的意义,对大学有自己的认知。学长最常提到的一句话就是:"千万要好好学习,不要挂科,不要挂科,不要挂科!就算是你没有好好学的课程,也要好好复习,不要挂科!"但是我听了之后不以为然,依然信奉着"没有挂科的大学不算是完整的大学"的荒谬言论。果不其然,挂科找上了我,在大一下学期,我挂了一门课——C语言。当时的我并不明白这对我来说意味着什么,同样也不认为这是一件多么坏的事情,还将其作为谈资四处"炫耀"。接踵而至的就是疯狂"打脸"的时刻。

行丁迷茫

在大学里面逐渐待久了,才越来越发现挂科的影响有多大。该学期的优秀学生奖学金与你无缘，该学年的所有奖学金与你无缘，保研与你无缘，国家奖学金、优秀学生荣誉称号都与你无缘，更不要说是最高奖项——徐特立奖学金。

不仅如此，学起来非常困难的 C 语言像一只拦路虎，一直阻拦了我三年。我参加了多次补考，直到大三才最终以 62 分的成绩通过，过程异常艰辛。本来当时认真学习就可以顺利通过的课程，在我这里兜了一个三年的大圈子。C 语言通过的那个晚上，我兴奋地难以入睡。如果上天再给我一次机会，我一定选择认真对待 C 语言，认真对待每一门我学过的课程。

那时的我完全没有很好地做到从中学向大学角色的转换，仍然是那种需要老师来管教着去学习的思维模式。一堆一堆的事情摆在我的面前，我缺少合理的安排与规划，往往会把事情拖到截止日期才去做。这也让我产生了许多的焦虑，觉得自己并不适应大学的生活节奏，并不会进行合理的时间规划。

那年的暑假，我回到家中，去医院做了一个全身的体检，发现身体出了一些问题，虽然当时有父母在身旁，但是我仍然感到不安心。那个时候，每天三顿吃着调理的中药，心里还是有一些紧张与不安。

加上大二时，与新交没多久的女朋友惨淡收场，种种的不愉快铺天盖地地向我席卷过来，我的精神每天都在紧绷着，那时的我只能依靠追剧、打游戏等方式来缓解我的焦虑。也正是那一段时间，我变得堕落消沉，每天除了去上课，就宅在宿舍干一些没有意义的事情。那个时候，我觉得课程也越来越无聊了，特别的迷茫，找不到奋斗的方向，觉得学习似乎也失去了意义。时间就这样日复一日地流逝。

充满希望

一次意外的聊天突然唤醒了沉沦迷茫的我。还记得那是临近暑假的时候，我像往常一样待在宿舍里面刷剧，突然微信窗口蹦出几条消息，是我高中同学发来的关心。我一下子觉得自己好像并不是那么的孤单，那次我向她大倒心中的苦水，发泄了一番。令我没有想到的是，她还给我买来了一些水果安抚我的心情，我一下子觉得特别温暖，觉得自己好像不再是一个人，自己也有朋友可以去诉说吐槽，自己一下子有了力量。

正是从那次聊天起，我才慢慢地开始恢复到正常的轨道上来。每天开始认认真真地学习专业知识，课堂上努力地听老师讲一些要点，按时按点到食堂吃饭，并捡起了我非常热爱的篮球，周末的操场上也可以看到我飞奔的身影了。

　　我的生活一下子丰富了起来，课程也进行到了最关键的时候，机械设计大作业来了，那是往届学长学姐的噩梦，但我充满了斗志。那段时光，我和车队的小伙伴们在车队的工作室里不分昼夜地奋战，常常讨论问题讨论到深夜，往往由于小的疏忽一遍又一遍地重新核算。那个时候不觉得自己很累，每天有一群人陪着你完成看似相同却又各有差异的任务，一起趁着夜色到超市买夜宵，一起伴着黎明到菜场买灌饼，很快乐，也很充实。

　　很快，到了保研名单发布的时期。我一直认为自己没有办法拿到保研资格，所以当时正在积极地准备考研。在信教的教室里，我突然接到了辅导员的电话，通知我的排名在保研的行列里，但是因为有不及格记录没有办法拿到保研的指标，虽然早已知道了结果，心中不免还是有一些失落。

　　考研的那段时光是我度过最充实的一段时光，也是大学少有的"高光"时刻。从秋季入学到考研差不多四个月的时光，我每天八点左右醒来到新一食堂来一屉小笼包、一碗红豆粥，或者到菜场来个灌饼，开启一天的学习之旅。图书馆一楼是我考研的主战场，堆积如山的复习资料、一沓一沓的打印纸、凌乱的绘图工具、永远做不完的数学题、难以全做对的英语阅读……每当回忆起这段时光，我都会被当时的自己感动，正是那段时光给我带来了希望，让我重拾了自信。最终，我的名字出现在北京理工大学机械与车辆学院的拟录取名单上，一切的努力得到了回报。

　　现在的我成长了许多，我已经褪去了当年初入大学时的青涩，抹去了唯我独尊的轻狂，也走出了沉迷刷剧的迷茫，也淡去了堕落不堪的阴霾。是这大学四年让我明白了奋斗的意义，我不再觉得一生淡泊、归田园居是一个青年人该有的态度，而是觉得奋力挥洒青春的汗水更有意义。年轻就是用来拼搏，一起拼，一定赢。

　　大学是人生的一段最宝贵的时光，在这里我们留下了几多忧愁、几多渴望，更收获了坚强与成长。大学是人生不可磨灭的记忆，你的每一个想法、每一次经历、每一次放手一搏都会在大学四年的日子里沉淀为永恒。毕业时，回顾自己的大学生活，猛然发现，曾经的一切都那么让人沉醉。课堂上的专注、图书馆的沉思、自习室的苦读、运动场上的挥汗如雨，乃至食堂的喧嚣、寝室的欢笑都已经深深地烙印在记忆当中。再回首，入学时的青涩、学习中的专注、军训中的刚毅、实践中的历练、备考时挑灯夜战、成功后的喜悦，乃至失意时的忧伤、挫折后的彷徨，所有的一切都是我们美好的回忆。大学使我明白了责任、懂得了理解、学会了坚强。如果说人生就像一本书，大学生活就是书中最美丽的一页；如果说人生是一台戏，那么大学生活便是戏中最精彩的一幕；如果说人生好似一首歌，那么大学生活便是歌中最欢脱的律动。毕业，是一场青春的盛宴，我们四年的得失不尽相同，却总有相同的温暖触动，深存心底。多少的欢笑和泪水、多少的成功与失败，大学见证了我们四年从青春走向成熟的漫漫旅途。

  2020年的盛夏，疫情仍然肆无忌惮在全球蔓延。有这样一群人即将结束他们的大学时光，走上一段新的旅程。漫漫人生路上，大学四年的时光必将是我们人生最美好而难以忘怀的风景。时光就像一辆永远前行的列车，匆匆向前，稳健却又急促地驶向下一个站台。下一个站台是这一段旅程的终点，同样也是下一段旅程的起点，一个更高的起点。我们心中都有一个梦，以梦为马，不负韶华。即使有时因生活的细枝末节而情绪低落，即使不知前进的方向而倍感迷茫，即使为未来何去何从而感到焦虑，也不要因为旅途艰辛而放弃前进的脚步，停止奋斗的步伐。我们深知，追寻梦想的道路不是一帆风顺的，是荆棘满地的。只有经历了磨难的人生才会拥有更加丰富的内涵。我们肩上始终承担着一种使命，就是把脚下的路走好，写就人生新的篇章，绘制人生宏伟蓝图。

  我的大学生活，再见！

我的北理情怀

机械与车辆学院　邓若凡

回想起 2016 年的那个夏天，初入北理工的我，懵懂无知，满怀着对大学生活的向往与好奇踏入了北理工的校门。"德以明理，学以精工""自由之思想，独立之精神"的谆谆教诲，犹在耳畔声声回荡。然而，面对辛勤培育了我的亲爱的母校，谁都没有想到 2020 年会以这样一种方式告别，但是，因为独特，所以难忘；因为遗憾，所以珍惜；因为不舍，所以幸福。

初遇北理工

时日似风飞，时光倒流回四年前那个踏进北理校园时明媚的夏天，我在父母的陪伴下怀着一丝激动、一份憧憬、一腔热血与你相遇。在风景迤逦的校园中，既有如诗如画的北湖，也有热血豪情的装甲战车。白天的你充满活力，处处洋溢着青春的欢笑，闪耀着思想的光芒；夜幕笼罩下的你静谧安稳，牵挂、守护着青年学子的赤子之心。

就是在这样的校园里，我开始了崭新的学习生活。军训的时光追忆被汗水与欢笑填满，与同学们初识，遇到了随和友善但要求严格的辅导员——白导和朱导，他们是我大学生活最初的导师，短短半月的军训，不仅教会我们自理、自立、自强，让我们学会规划生活、养成良好的学习生活习惯，还筑起了我们之间深厚的情谊。白天的严酷训练、晚上的拉歌、篮球赛，还有凌晨 2 点的拉练，回想起来都是一份珍贵的宝藏。就这样，不知不觉，我们与教官、辅导员惜别，踏上了真正属于自己的新征程。

大学的学习生活平淡却有趣，完全放开的管理模式使自觉、自律成了我的第一堂必修课。我每天在图书馆和寝室之间抉择挣扎，慢慢寻找属于自己的学习节奏和状态。我很幸运，遇到了一位认真负责的好辅导员——张导。学习上，张导积极组织各科讲座，鼓励我们认真学习、提高专业能力水平；生活中，学校、学院的大小事宜张导都会一一通知到位，督促我们落实，还时常到丹枫宿舍关心我们。"12·9"合唱、毕业晚会舞蹈排练等活动，张导总是不辞辛劳地陪着我们一起训练，让我们有了坚持下去的勇气和动力。

北理工的老师各怀绝技，专业能力强，课程丰富充实。从大一就敬佩、仰慕的薛庆老师，带了我们四年的班主任张发平老师，辛勤耕耘四十多年、讲课幽默风趣、专业能力极强的杨志兵老师，为人亲和、有活力、讲课清晰有趣的刘莹老师，等等，感谢北理工所有教授过我、指导过我的老师们。

正是有这些温暖的、优秀的领路人，初遇北理时我才能逐渐找到属于自己的方向，放下顾虑，勇往直前。

恋上北理工

"你有看过凌晨四点北理工的校园吗？"

在北理工的日子，总有那些令人难忘的夜晚。情深缘浅的慨叹恸哭，与挚友促膝长谈、相互鼓励，认真忘我地设计、复习……夜幕下的北湖，不是终点，而是黎明前的黑暗，一次又一次，我在这里汲取力量，战胜困难，战胜自己。不知不觉中，北理情怀已经镌刻于我的心中。

重整行囊，再度出发，踏入了北理工中关村校区。这时的我已不再是那个迷惘、未知的少年，相比踏入良乡那时的我，多了份沉稳、多了份坚毅、多了份乐观，更多了份志向。

大三伊始，我便全身心投入考研复习之中，在完成各门学科的作业和考试之中，抽空进行公共课与专业课的复习。我制定了固定的作息表，搜集了大量复习资料。对于考研人来说，永远不会有"复习好了"的境界，按照既定的学习计划，我竭尽全力完成，累了倦了，晚上就去操场和好兄弟跑上几圈，和学长学姐在周末打上几局羽毛球。每天宿舍、自习室、食堂三点一线的生活，对于我并不枯燥，因为我深深感受到，奋斗是一种幸福。经过半年的刻苦备考，我终于拿到较理想的成绩。这不仅是我自身的努力结果，更重要的是，在备考期间，父母的温暖问候和精神陪伴，我的两位好兄弟、好研友陈刚、薛梓涵半年来"三点一线"生活的陪伴和鼓励，有资料一起分享，有问题一起讨论，互相监督，一起学习、一起运动。最终，我们三人都成功上岸，光荣地成为北理工的研究生。我已经深深融入了北理工这个大家庭，爱上了奋斗、自强的北理工。

怀念北理工

怀念北理工，是不舍，是难忘，是诗人笔下的此时无声胜有声，是利剑出鞘的沉稳，是我和北理工故事的一个分号。

如果人生是一场又一场的遇见与别离，那么于我，毫无疑问，这场遇见埋了太多伏笔。而于你，北理工，你不过是又接纳了一个尚不谙熟的孩子。你是他这十八年给自己的交代，你是他千山万水到达的彼岸。四年前你眼前的这个孩子，内心有不安，也有不甘，他渴望青春的光华，他知道这些只有靠汗水和智慧才能得到。这样的孩子，你见过了多少？是的，他是万千普通人中的一个，但是内心却有着不知深浅的梦想。

四年的北理工生涯稍纵即逝，所怀念的，是北理工的那些人、那些事。忘不了教导我知识、培养我能力的老师们，忘不了如兄长般陪伴我走过四年的张导，忘不了一起度过四个春秋的室友们，忘不了从03021606到03511602的同学们。同样，忘不了运动会上的拼搏，忘不了篮球场上挥洒汗水的畅快，忘不了考试前的埋头苦学，忘不了宿舍里一起"吃鸡""王者"的欢乐。

在文艺活动方面，我热爱音乐，也参加了学院组织的"12·9"合唱比赛。不仅如此，我对唱歌的理解和歌唱的技巧也受到了学院深秋歌会评审的认可，我与同班同学组成"爱粤组合"从海选中杀出，在学院半决赛与决赛中分别获得第三名和第九名的成绩，并代表机械与车辆学院参加校级复赛。这给了我极大的鼓舞，我会再接再厉，在音乐的舞台上绽放我的光彩。音乐不仅可以陶冶情操，更能温暖地陪伴着我，就如歌中所唱的那样"命运就算颠沛流离，命运就算曲折离奇，命运就算恐吓着人做人没趣味，别流泪伤心，更不应舍弃，我定能一生永远陪伴你（改编词）！"

再美好的故事，也总会有结局的那一刻，更何况我们故事的结尾是不舍和遗憾。因为疫情的缘故，我们没有机会在校园度过一个属于我们的毕业季，没有机会举办一个如往年般的毕业典礼，也没有机会跟心中的那些人、那些事说一声道别。或许，这会成为我们一生的遗憾，但也因为遗憾，我们永生难忘。四年以来，我们经历了，我们成熟了，我们长大了，愿我们归来还是从前那个怀着赤子之心、怀着一腔热血的自信少年。

重遇北理工

再与北理工邂逅，是再会，是重逢，是结束北理工四年后的又一次相遇，是与北理工开启又一个同行的三年。

学在北理工,如新生的芽儿,每一份阳光和雨露都蕴含着巨大的能量,带给我的是新生的希望和坚定的信念;活在北理工,如茁壮成长的白杨树,每一片枝叶都努力奉献一抹绿色,绘成北理工最亮丽的水墨画;长在北理工,如初生的小雏鹰,对一切好奇的同时也畏惧着,努力张开翅膀,拥抱更广阔的天地。

在北理工四年大学生涯的故事结束了,但一个新的故事又开始了。作为北理工新一届的一名研究生,我是客人,同时也是主人。我会带着客人的矜持与主人的责任,写出一个积极美好的新故事。在这个故事里,我将与北理工并肩前行。我会在北湖给金鱼喂馒头,与天鹅嬉戏;我会在体育馆挥洒汗水,享受运动的乐趣;我会在教室与老师激烈讨论,共达真理的彼岸;我会在信教楼埋头苦学,获得求知的乐趣;我会在实验室里潜心科研,成为更好的自己。

北理工于我,是青春故事的开始,是人生画卷的序章。自八月末步入校园的那天起,北理工便成为我之后四年生活的承载者和见证者。不知不觉间,已经寒暑更迭,四年时光匆匆而过,军训时灼热的日光,早练时熹微的晨光和夜读时刺眼的灯光,交织在一起构成了斑驳绚丽的光影。

本科生活稍纵即逝,以上仅仅是对于四年光阴缩影的小小总结。生活往往是说不完、道不尽的,而未来更是需要努力把握的。德育答辩提供了我们一个机会回顾过往,也给了我们机会去展望未来。

不忘初心,北理情怀,铭记于心。

柳逢可赠时　人适别离期

光电学院　卞潇临

离别的故事总是发生在夏天，炎热的天气使人愈发烦闷，也更难以掩饰心中奔涌的情绪。未曾想因为疫情，一晃眼便到了夏天。大学四年于我是一首即将诵读完毕的朦胧诗，如果我认为诗越美好，那么就证明我现在的心情越难以割舍。

成长历程

大学的生活无疑是美好而充实的，打完高考这场战役，刚迈进校园的我被自由丰富的生活迷了眼，社团、学生组织、体育运动、美食、社交，然而忙于享乐的我却唯独忘记了学生的本职工作——学习。没有好好学习的我终于吞下了苦果，挂科是其一，更重要的是没有和大家一样打下坚实牢固的基础。

人总是要做出改变，我很庆幸有称职的辅导员、耐心的老师和友善的同学们，在我追悔莫及的时候伸出手予以帮助。得益于老师和同学们的答疑解惑，我终于补上了欠缺的知识，消除了所有的挂科。这一切并不是我一个人埋头苦追可以做到的，大学传授的专业知识实非自学所能理解，这让我更加感觉到大学校园就是一个大家庭。在这个大家庭中，我们扮演着被培养对象的角色。老师是我们的长辈，我对他们尊敬有加。同学们就像兄弟姐妹，我们一起学习、一起娱乐，互帮互助、和睦相处。集体生活使我懂得了要主动去体谅别人和关心别人，也使我变得更加坚强和独立。

我觉得自己的事情就应该由自己负责，别人最多只能给你一些建议。同样，作为成年人也要为自己犯下的错误负责。生活到底需要自己提笔来勾画。

现在的我已经明白大学生的本职就是学习而非享受，我们应该投身知识的海洋。虽然即将毕业，但学习应当成为一生的习惯。

真切感悟

我们一直困惑彷徨，但时间的脚步从未停止。越过困惑的岁月，我们学会了成长。各类证书考试、研究生入学考试和公务员考试已成为全民必修课。我们不再为偶尔的旷课而高兴，不再为课外作业而烦恼，不再为食堂的饭菜而抱怨，不再为网络的自由而沉湎。当思维方式改变时，我们学会了体谅和包容，这可能是成长的第一步。我们不再是高中生，不再有父母在你面前为你遮风挡雨，而是自己肩负起每一次的选择。曾经迷茫的面容现在已经执着，曾经青涩的心态现在已经成熟，心中的目标越来越清晰和坚定。每个人都开始有自己的人生规划和职业道路，或者进入职场，或者继续学习，每个人都有自己的选择。我尝了很多苦味，也收获了很多感悟。这些收获将是我人生中宝贵的财富，使我未来的道路更加坚实有力。首先是建立目标和计划。没有目标，就没有方向，没有动力。不要随波逐流，要真正规划自己的生活和努力的方向，避免盲目和急躁。其次要有足够的毅力来执行计划。不一定是不折不扣、一成不变执行，可以在一个限度内调整，但绝不应该三天打鱼两天晒网。最后要努力学习。没有入学的压力，没有老师和家长的监督，但学习仍然是我们的主要目的。不要沉迷于网络游戏带来的满足感，不要沉迷于暂时的心情和情绪，不要让自己在生活在巨大的虚荣之中。当今时代是知识经济时代。在全国乃至全世界，各行各业的新一代都在用知识的杠杆撬动财富的金球。向书本学习，向他人学习，向生活学习，学不可以已。

大学是我们生命中最宝贵的时间。在这里，我们留下了许多梦想和愿望，也获得了很多信心和力量。大学生活是人生中不可磨灭的记忆。每一次尝试，每一次叹息，每一次牵手，都在大学四年里沉淀成永恒。站在毕业的门槛上，回顾我的大学生活，突然发现曾经拥有的一切都是那么的美好。艰难地在教室、图书馆的书房里读书，畅快地在操场上奔跑、竞争，甚至食堂的噪声、宿舍里的笑声都可以让我回忆起曾经拥有的学生的平静。成功的喜悦，挫折的悲伤，无助的彷徨，都是我们最美好的回忆。它让我懂得了责任，懂得了坚强。宿舍里的笑声依然存在。无忧无虑中有天真和苦涩。自学教室的门还开着，新一轮考研大军还在激战中。

随着时间的流逝，在这充满理想和追求的青葱岁月里，在这燃烧着激情和活力的大学校园里，我留下了自己的足迹、回忆和美好时光。就这样，青春时代一去不复返。毕业是青春的盛宴。四年的得失是不一样的，但心里总有一样温暖的触动。多少欢笑与泪水，多少成功与失败，屹立不变的校园见证了我们从青涩到成熟的四年蜕变。

未来规划和展望

学生的生活是一种享有特殊优待的生活，即便幼稚一点，即便吵吵闹闹，学校也能宽容我们，并未严格地要我们担当。而现毕业的我们则要来挑起自己该挑的担子。

胡适先生曾说，毕业后堕落的方式很多，总括起来，约有这两大类：第一是容易抛弃学生时代求知识的欲望；第二是容易抛弃学生时代理想的人生的追求。我们要防御这两方面的堕落。

在我们未来的人生中，必不可能一帆风顺，不要畏惧前途的艰险，不要畏惧未知的困难，不要为困难停下前进的脚步。须知风雨雷电具是天恩，愿我们的前路充满荆棘坎坷，愿这一路上风雨兼程，但仍然无所畏惧、永不退缩。佛典里有一句话："福不唐捐。"唐捐就是白白地丢了。我们也应该说："功不唐捐！"没有一点努力是会白白地丢了的。我们应当深信：天下没有白费的努力。成功不必在我，而功力必不唐捐。

即将步入社会的我们，不再是象牙塔中心存憧憬的学子。从事生产活动，努力为社会创造价值，我们成为社会一员。保持求知的欲望，保持人生的追求，把自身价值与社会价值相结合，融个人梦想于中华民族之梦中，方能不负所学、不负所爱。

人生活在时间与时间的延续之中，大学四年匆匆，既是终点也同样是起点。愿诸位从此去前程似锦，再相逢世事如旧。

柳逢可赠时，人适别离期，

窗外三更雨，灯前万里心。

要看银山拍天浪，开窗放入大江来

光电学院　黄　翼

时光匆匆，转眼已到本科毕业的时候了。本科四年的时光，是我之前十几年从来没有体验过的。对于一直在走读制学校上学的我来说，这是一段全新的旅程：第一次离开父母，需要自己照顾自己，开始思考生活上的问题；第一次学习成绩不再是考核自我的硬性指标，成长中多了许多别的选项；我需要独立思考前进的方向，并做出相应的选择……这也是第一次离开父母和老师的殷切希望，我们将成为一个纯粹的自我，为了自己的选择而全力以赴拼搏。

在这期间，难免会有一定的迷茫和失落，也不乏收获的喜悦和满足，但对于已经快要走完这段路的我来说，既有一丝不舍，也有着一种释然。如今回想起来，只谈收获，不谈迷茫。

做人

1. 门外沧浪水，可以濯吾缨

"门外沧浪水，可以濯吾缨"出自辛弃疾的《水调歌头》。这句诗中引用了一个典故，是《楚辞·渔父》中的"沧浪之水清兮，可以濯吾缨，沧浪之水浊兮，可以濯吾足！"《孟子·离娄上》中对这句话的解释是："孔子曰：'小子听之！清斯濯缨，浊斯濯足矣，自取之也。夫人必自侮，然后人侮之；家必自毁，而后人毁之；国必自伐，而后人伐之。太甲曰：'天作孽，犹可违；自作孽，不可活。'此之谓也'。"其中包含了深刻的做人道理。人必须要先自尊自爱，才能赢得别人的尊重和爱惜，就像一条小溪流，只有它自身清澈见底，别人才会用它来洗涤冠缨，倘若它浑浊不堪的话，人们就只会拿它来洗脚。只有自己自尊自爱、不放弃，才能赢得别人的信赖和尊重。

当我们远离父母，需要独自处理人际关系，独自面对自己的生活时，就需要学会管理，学会经营，这是进入大学的第一课，是我们走上社会的必修课。我们需要学会管理自己的生活、时间、情感……我们还需要学会经营自己的学业、形象、未来。我们需要学会面对问题，学会在解决问题的过程中成长。作为当代大学生，我们一定要正确管理自己，让自己做"濯缨之水"，只有这样，我们才能给自己经营一个更加美好的未来！

2. 交友须带三分侠气，做人要存一点素心

大学生活除了学业外，还有各种社团活动和团队比赛，所以处理好人际关系对于四年的大学生活来说非常重要。良好的人际关系需要日常的维护和经营。"交友须带三分侠气，做人要存一点素心"是《菜根谭》中的一句话，也是我在交友过程中奉行的准则。"素心"即心地纯朴，不要有私心杂念。真心付出，自会有真心回报，不要在意一时的得失，要有全局观，下好人生这盘大棋。所谓"在家靠父母，出门靠朋友"，强大的人际关系很多时候也会给我们带来便利。最简单的，当自己失意迷茫时，能有朋友倾诉也是一件很幸福的事，而往往，他们的只言片语会给我们带来意想不到的新的方向。与朋友们结伴而行，我们的人生就不会孤单。

3. 万骨青山终沥尽，只应铁骨不成尘

不放弃，不气馁，要有信仰，这不仅仅是一种做事的态度，更是一种做人的品格。

无论我们遇到什么，只要坚守本心，不轻言放弃，相信"万骨青山终沥尽，只应铁骨不成尘"，就一定能守得云开见月明，最终即便没有得到自己满意的结果，也不会留下什么遗憾。我们决不能为外物所引诱，放弃自己的本心，做出让自己后悔的事。

做 事

1. 要看银山拍天浪，开窗放入大江来

"要看银山拍天浪，开窗放入大江来。"这句诗是我的一位高中语文老师在我即将高考时送给我的寄语。我一直小心珍藏，从来没有忘记，因为它一直是我的指路明灯，帮助我度过了大学中最迷茫的一段时间。这句诗意境雄浑开阔，恰适于给迷茫的人指点方向。倘若自己不先做到"开窗放入大江来"，有何谈能看到"银山拍天浪"的奇景？但行好事，不问前程！默默做事，并把每一件事情都做到最好，就能看到最后奇绝壮美的景色。

大二上学期是我大学四年最迷茫的时候。那个时候，我已荒废了大一一整年的时光,看着周围的同学都有自己明确的方向,我整日依旧无所事事,想做些什么,又觉得追赶不上他人,但又不愿就这么沉沦下去,最终还是决定要开始认真做事,于是和同学报名参加了光电赛。我用心学习各门科目,同时,还参加了当时电信学院举办的 CTF 培训。每天的工作都很繁忙,但其实越繁忙的时间,越适合一个停步太久的人用心思考,因为过长时间的停步不前,很多时候已经摧毁了我们思考问题的能力。真的去用心做每一件事,使自己变得繁忙,反而可以帮助我们更清晰地看透事情和生活的本身。最终,我走出迷茫,找到前进的方向,毅然决定退出 CTF 的培训,专心做光电赛和自身的学业。当时我已经参加 CTF 的培训一个多月,坚持那么久退出还是有点可惜,但这是我最终考虑出来的前进的方向,虽然可惜,但不后悔。最后,结果也确实没有让我失望。

2. 业精于勤荒于嬉,行成于思毁于随

这句诗出自韩愈的《进学解》。在日常做事时一定要尽心。不管是学习还是从事科研工作,都要尽心尽力、兢兢业业、坚持到底。

另外,我们还要注意分清事情的主次,做事前理清头绪,做出正确的选择,不要一味回避自己的缺陷,或一味迎合自己的喜好。

最后,我想用四年前我勉励自己的一句诗来为自己即将到来的研究生生活加油打气,希望未来越来越好。

"鹏北海,凤朝阳。又携书剑路茫茫。明年此日青云去,却笑人间举子忙。"

冲

自动化学院　肖　凡

大学四年一晃就过去了，一直对自己即将毕业这件事感到恍惚，依稀觉得高中毕业是昨天刚刚发生的事。我手机上有一个云相册，因为懒得清理照片，四年以来所有的照片都在里面。有某一次食堂大妈给我盛的一大勺肉，有上课时拍的PPT和不小心顺带的老师的表情包，有实验波形图，有排练和演出的视频，有中心花园浇水器上的彩虹，有和朋友插科打诨的截图……我的大学生活如此真实和丰富。四年里经历的种种，对我产生了怎样的影响？我到底有没有变得更好？

我经历了什么？

高中毕业误打误撞选了自动化专业，成功"栽进"最不擅长的数学和物理大坑。课程的枯燥晦涩和刚入大学的新鲜感驱使我把自己埋进学生组织与社团里，享受结交新朋友、一起工作、一起玩乐的过程，享受排练与舞台。社联和社团的小伙伴们，都是非常优秀的人。大家一起办了很多活动、经历了很多是是非非，完成了印象中的大学生应该做的所有事——除了好好学习。于是我的成绩直线下滑，甚至濒临挂科，也带着逃避的心理争取过转专业。大一结束之时，我放弃了竞选部长团，断舍离了一些社交关系，慢慢开始把生活拉回正轨。

大二开始，我慢慢找到了真正喜欢的东西，也是更真实、有意义的东西——电影、画画、跳舞。我仍旧没有明确的目标，但我努力地在过好每一天。我开始慢慢喜欢上这个专业，开始上好每一节课，完成好每一次作业，弄懂每一个问题。我学会了去争取一些东西，比如入党、评优、志愿证明、比赛奖项。我大二的一整年都十分丰富与充实，浮躁的心也随之沉淀下来。

大三开始面临选择时，我如梦方醒，那大概是一个活在当下与死于安乐的梦。考研？留学？保研？我被逼到了这样的路口。我开始思考自己的能力、成绩与兴趣，陷入了持久的焦虑与迷茫。对于随波逐流、习惯安逸的我来说，保研自然是最好的选择。当时我的成绩离成功保研大概差了十万八千里。说不定我大三一年可以冲上去呢？带着这样的想法我把焦虑暂时抛在了脑后，开始了极其刻苦的学习，开始尽可能参与科技竞赛。而大三的课程压力比想象中要大很多，有一段黑暗时期，真的被课程设计、作业、复习压得喘不过气。直到大三下学期，我的努力依旧没有换来确定的结果。而那段时间正是考研和留学的重要准备期，也是我焦虑的顶峰。那段时间我思考了很多，全都带着后悔与自我否定的色彩。要是我大一就开始努力学习就好了，要是我大一就搞科技创新就好了，要是我不参加那么多活动就好了，要是我足够厉害就好了。

所幸我得到了保研的机会，在大四进入了实验室。这对我来说是一个崭新的开始。四年前的我一定从来没有想过自己会处在这样一个科研的氛围下，与大家齐头并进。来到中关村以后，我也融入舞团，交到了很多好朋友，认真上舞蹈课，并做了队长。我慢慢发现，我可以对其他人产生影响，因此更加努力。

记流水账般地回顾了一下大学四年，好像当时觉得很难过的坎在现在看来并不算什么，好像自己是成长了，有点奇妙。

怎样算是一个更好的人？

1. 我做到不悔了吗？

我一直认为不悔是一个很高级、很难以实现的标准。大概具有十分明晰的自我认知、价值取向、人生目标的人才能够遇事从容、一往无前。我自然不属于这一类。陪伴我最久的能算数的梦想只是：赚钱以后开个舞房。没有目标的我常常在迷茫焦虑以及破罐子破摔的及时行乐两种状态之间转换。所以我的大学生活中更多的不是对自己的选择后悔，而是对自己没有去选择而后悔。

是制定明确的目标并为之拼搏还是享受当下的每一天，是我大学四年一直没有解决的问题。而这个问题一直让我活得很拧巴。

但我在改变。我收起了后悔，开始深入了解专业，重新审视生活中什么是最重要的；我开始静下心来思考，收获往前冲的干劲；我开始用更多的努力来为曾经的缩头缩脑买单。

我接受了不完美的自己，接受了犯过的错。在这个过程中慢慢了解自己，对自己有了期望。我不喜欢自怨自艾地以"要是"开头的话，大多揪着过去不放的人只是因为没有能力改变现在。

2. 我努力尝试了吗？

曾经的我有一个特点：害怕得不到某样东西就找借口说自己不想要。不去尝试自然就不会失败。刚进大学时在国际班面试前的退缩便是这样。我太喜欢待在自己的舒适圈了，我害怕失败与否定。

但四年以来，我好像变得有勇气了很多，努力尝试了许多新事物。我参加了学生组织面试，组织了很多活动，参加了唱歌比赛，参与了奖学金的答辩，进入公司实习，第一次在实验室汇报……有成功也有失败，有开心也有沮丧，勇敢给予了我可能性。

我一直都是一个很不自信的人，容易受到他人评价的影响，做事也畏畏缩缩。让自己更加自信是我一生都要追寻的东西。大学四年来，我遇到了许多人。受到自信的人的感染，抑或是与同样挣扎的人相拥而泣，都推着我向着更好的方向发展。我希望自己能有更强大的内心，足够去应对人生中的坎坷与挑战，能够在饱经风霜后依旧保持原样。

青春，再勇敢一点。

3. 那些人，我会记住吗？

那些人，是我大学四年遇到的对我产生影响的人。

我的室友，带给 410 轻松有趣的宿舍氛围，她们教会了我包容与理解。

还有朝着同一目标一起奋斗的那群人———一起参加艺术体操和舞蹈比赛的小伙伴们、一起上舞蹈课和通宵排舞的小伙伴们、一起办活动的小伙伴们、一起完成项目的同组成员。置身其中让我觉得很奇妙。跟他们在一起的所有汗水、泪水与欢笑都值得珍藏。

我的好朋友们，与我相互支持鼓励，共同吃喝玩乐，彼此分享。

大学的老师们，学识渊博又各有特点，不仅教我们知识，更展示着他们的人生阅历与价值取向。

我会记住的。

4. 我的未来是什么？

我希望自己能有出息，又希望自己能快乐。我想拥有体面的工作与不错的薪酬，拥有一间自己的屋子，拥有时间去干自己喜欢的事。

老师对大家说过，年轻人拥有很多试错的机会，不要考虑太多的事，应该敢拼敢闯。可能，"我的未来是什么"这个问题本身就没有答案，它取决于我的每一个念头、每一个动作、经历的每一件事、遇到的每一个人。那么我现在唯一需要做的，就是认真地热爱生活并对未来充满希望。

希望大学毕业是你我全新的起点，希望你我永远热诚。

我在北理工的感悟

计算机学院 刘宇辉

光阴荏苒,大学时光转瞬即逝,四年以来,一得一失都是成长。

关于成长的感悟

"士为知己者死",我一直想让自己保留一些古人的行为作风。

从小到大基本都在社交圈焦点地带成长的我,很长时间内都在不断迎合他人对自己的期待与看法,自己的爱好、为人、处事都或多或少能从成长环境找到根源。如此纷繁的世界和不断扩大的交际圈让我越来越感到彷徨与迷茫,我也在不断的反思和自我认识中寻求突破与安宁。

探索未来的问题,答案潜藏于记忆深处。我最珍视的一段经历是高中十九班的种种,那群人、那些事成为我内心最柔软的部分,哪怕是在我最灰暗的时候,我也愿待之以温柔。但当我回到现实,总有不如意之事让自己心烦意乱,总有不称心之人让自己焦躁不安。一直以来,我以开导者自居,或多或少解决了一些朋友的问题,但长期以来,我似乎都没有认真去面对自己的问题——迷茫、逃避。

我总说某某某对啥啥啥执念过深,最后我才发现,自己才是那个一直活在往昔的懦弱者,不愿以新姿态去面对现实生活中的新挑战。既然已经初步明确问题所在,那便解决它。在大三一个端午节回了趟家,回到那个我最熟悉的故乡,去到那个我曾奋斗的母校,去解决困扰自己已久的问题。对于我来说,放下倒是不难,难在此时的我竟无比怅然,心中无比空旷。

生命中的所有付出,最终都会在某些节点给予回报。在家的某一个夜晚,听着窗外的水声,我的脑海里逐渐浮现起我遇到的一张张面孔,或是火车上喧闹声中安睡的小孩,或是支教班级中充满新奇的脸,或是志愿活动时老人讲起往事时浮现的笑容……我的内心开始变得平静。

真正的释怀不在于放下，而在于重新拾起。

我曾挣扎过、排斥过，与当下的自己处在矛盾状态，最后我发现，只有当下的自我，才是最真实的自我。只有在经历不断的自我反思与自我否定，才会最终真实认同当下的自我。

我内心想要追寻的那一抹光亮是什么，为之，我可付出我的所有乃至生命？当人生陷入困境并无法自我解脱时，就多看看书，看看先贤们留下的宝贵智慧。因为初步定了考研大方向，我便选择了《毛泽东选集》作为我一边学习一边放松自我的书籍。毛泽东对当年中国的剖析可谓深刻，在文字之间，我感受到了他对国家、人民的热爱，感受到了他的满腔热血与极高的战略眼光。直至此时，入党成为我坚定的决心。

关于足球的思考

在北理工，我对足球产生了极大的兴趣和热爱，它几乎成为我唯一的业余爱好。

足球是一项规则条例极明确的运动，加之技术手段的监管，球员被严格限制在一个框架体系内奉献自我价值。

球员在球场上的每一个进球都是场下的汗水和场上积极的跑位、灵敏的门前嗅觉、厚积薄发的射门换回的。足球的世界告诉我，收获与付出是成正比的。

足球有很多身体对抗，同时，人在高速运动情况下，稍不注意就会对自己和他人的身体造成伤害，但是，球场的每名球员都在不断奔跑、拼抢。

足球是一项极其考验团队协作的运动。协助防守、协助进攻、撕扯对面防线、跑位制造机会，只有团队相互协作才能创造球场奇迹。当然球星是耀眼的存在。他们是团队的领袖，带领团队攻城拔寨。

关于自我的认知

我在很长一段时间内都在不断迎合他人对自己的期待与看法，愈加纷繁的世界和不断扩大的交际圈让自己越来越感到彷徨与迷茫。不清楚自己的价值何在，不明白自己为何而活，理想越来越显得空洞和轻浮，浮躁的自己也在不断的反思和自我认识中寻求突破与安宁。

回首往昔，我不是一个善于服从的人，我的内心更多的是叛逆和反抗。

印象中在小学时曾因为老师的劳动时间分配不公而带领同学发起了一场轰轰烈烈的"罢工"。从这方面讲，我或许从未发生改变，只不过现在越来越懂得集体和个人的关系，看问题也稍深入些，选择也更多了些。

  人的行为是复杂的，往往并不是非黑即白的，但是莽夫不一样，莽夫是极端的。有朋友给我提出一个问题："当你选择的路相对于大多数人是逆行的，你能接受吗？"这是一个很好思考但是很不好行动的问题。普遍意义上讲，没有任何一条路是畅通无阻的，困难都是相对于能力而存在的，个人是在克服一个个困难的过程中不断成长的，我们称之为"否定之否定"。我无法接受屈服于现实的自我，若无法继续前行，急流勇退未必就不是一片新天地。

  我有一个遥远的梦，梦里的我从事着自己想要从事的事业，我会为这个梦不断前行，以蓬勃和不屈的意志大步向前。

这至多是开始的结束而非结束的开始

计算机学院　李倩妤

方法总比问题多。大学四年，即使遇到了许许多多的问题，这些问题也都被解决了。虽然临近毕业，虽然问题已被解决，但这绝非是结束的开始，而仅仅是开始的结束。

开始的开始

1. 河流

没有人可以再次踏入同一条昨天的河流。当我随意选择一所学校作为开始时，我并没有多想，只是为自己的未来随意选择了一条合适的小船，想渡过这条河流。而渡过这条河流之后呢？我当时仅仅是为了渡河。可是我错了，当这条河流成为生命中独一无二的存在的时候，它却缠绕了我每一个潮湿的梦。

因此我不再是过去的我了。就是这条河流，它将会伴随着我从开始的开始直到结束的结束。

2. 盲者

这世界最令人可憎的就是明明知道道理就在那里，但是蒙蔽的双眼让人无法接近。你听到了滚滚的涛声，闻到了水的气息，但是你无论如何都接近不了，所以只能不断去摸索。

失去了眼睛的指向，盲者随便地慌乱地抓着，为了追求自己心中的潮湿的梦，他是那样焦躁。他渴求着一切，却不知道如何去做，最后只能摔得鼻青脸肿。然而终有一天，当他摔倒在泥土中，双手插进土地之中时，他的手指感受到了不一样的东西，渐进的潮湿感从手指蔓延至全身，一条条细细的露水指引着他，告诉他一个全新的方向。

我们不妨就把这土地叫作知识，而盲者不妨称作自己。也就是在知识的引导下，浮躁渐渐离去，而我们逐渐懂得应该去做什么。

淡蓝色的雾气笼罩着河流，雾气中漂浮着星星点点的光泽，这些光泽共同构成了河流的灵。它们是前辈智慧的凝聚，它们如同轻盈而汹涌的浪花，永久地守护着河流。它们轻抚盲者磕磕绊绊的伤痕，指引着盲者前进的方向。盲者受到了鼓舞，顺从地跟着那些光泽走向河的彼岸。

当盲者最终跪倒在河边，摸到汹涌的浪潮时，他忽然意识到自己并不是什么盲者，仅仅是被一根布条蒙住了眼，他把手伸到脑袋后面，轻轻拉开那个布条打成的结，然后把布条扔进了河里，他看到了那条大河。

他回头看到了挣扎而来的泥泞，以及那淡蓝色的雾气中明亮的星星点点。此时天空是那么干净，大河奔涌而不语，他看到了从未看到的全新的世界。他在河里洗干净双手和身上的污秽，他知道一个新的世界开始了，他已是全新的自己。

开始的结束

他继续向前走着，向前走着，他知道自己获得了全新的视野，并不会被泥泞玷污，只要他继续向前走着，不停止，那么就没有什么能让他停止的。此时已经不能够把他叫盲者了，因此我们不妨称他为旅人，而想必他并不是这里唯一的旅人。

1. 篝火

当他看到一个全新的世界之后，白天和夜晚对他而言就出现了不同的含义。他缓缓前进的时候，突然看到了从未看到过的颜色，那是篝火，红色的火焰在夜幕下舞蹈，不时向外喷洒金色的火星，漆黑的夜幕逐渐被驱逐，只留下光与热。而篝火旁坐着几个人，这些人虽然仔细看去各有不同，但旅人感到这一切是那么的熟悉，就下意识地找了个没人的位置坐下，和大家一样围绕着篝火。没有人表示异议，仿佛他们本来就是一体。当星星开始隐去而晨光逐渐出现在对面的山头上时，大家都在河滩上随意躺下睡了，旅人感到十分安心。

当天色大亮的时候，大家逐渐都醒了。昨夜的篝火已经变成了温吞的余烬，大家共进着早餐，收拾好行李之后，结伴继续沿河向前走去，旅人融入了这支队伍。大家有着同样的梦，向着同样的目标进发。

2. 分岔口

旅人和这些伙伴在一起非常自如。他们一起走过了很久的时光，河水结冰又融化，河岸的树丛从青色变成枯黄，时间一直都是这个地方最不辜负人的存在。大家一起互助分享，一起探索前行。走在同样的道路上，追逐着共同的梦，这世界仿佛只剩下前行的方向和已经熟悉了彼此的朋友们。

直到有一天，他们发现这条河并不是一成不变的。这条河曾经如同一条完完整整的丝带一样，宽广而又隽永地向前延伸着，直到这一天，他们才发现这条河并不是一条河，这条河分岔了。那两条看似一模一样的分叉震撼着每个旅人的心。从来没有人设想过这时应该怎么办。对不同的人而言，不同的河流意味着不同的选择。大家不可能永远选择同样的，即使这次是同样的，那么下次会怎么样呢？没人可以保证。因此他们出现了一次最大的争论，他们不想分开，但是又不想勉强自己和朋友，争吵持续了日日夜夜，直到人人都筋疲力尽，最后各自选择方向前行。

旅人并不确切知道自己该选择哪条路，因此他再次随便选择了一条路。他觉得每条路对他而言都差不多，而且，随便的选择心理上少了些负担。因此旅人选择了一条和最熟悉的人一起走下去的路。他希望下一次选择不要太早到来，直到他做好准备的那一天。

但最终选择还是很快放在了面前。面对着奔腾的河水，旅人不知道到底该怎么办了。这条河已经不再是一开始那波澜壮阔的宽广的水面了。他坐下来，望着天空，此时他意识到这是需要他自己做决定的时候了。他看到了无数蓬松的水汽在天空中凝聚成了云，那些云飘荡着，在河流的上方，并在每一条溪流里都倒映着。他突然意识到这并不是什么艰难的选择，如同一朵云，这些云都是那么随意，因此他选择了一条云的倒影最清晰的河流，这就是他自己的路。

他最终不需要任何人的帮助找到了自己的路。

站得更高，看得更远

化学与化工学院　邓小蝶

期待的夏天早已到来：地里的西瓜已经被采摘干净；昨夜刚红的李子也可以吃了，酸酸甜甜的；田野里的麦子也被收割完毕，空气里面还残留着麦香味；远方是缓缓转动的大风车和夕阳。对了，还有不久就要到来的端午节以及又一次毕业季。

毕业，意味着离别。可我从不喜欢离别的滋味，所以，在入学前我就已经做好了毕业的准备。或许是认为，这样能够减少些许伤感吧。

关于无法磨灭的记忆

1. 敢想才会有

回顾大学四年，我最遗憾的事情便是：在入学前没有为自己定下目标，做好规划。诚然，明天永远是未知的，但同样也是可以期待的，因为敢想才会有。

四年前，刚结束高考的我带着对大学的憧憬和欢喜来到了北理工，开启了人生的新篇章。刚开学的时候，听学长学姐说：同学交集少，老师基本见不着；现在是你英语水平最高的时候；考试复习靠的是老师的 PPT；宿舍就是你的家，你会沦陷在此；不能挂科……当时的自己是十分不服气的，心中暗想，我才不会变成这样呢。然而，事实就是我被打脸了，还有点响亮。

虽然我总是这样对人说："在哪都一样，没有什么影响，我都可以的。"可刚进学校的自己还是挺不适应的。除了饮食方面，还有学习、生活，等等。大学是自由的，你有权力分配自己的时间，不会有人再监督你了。而对于新鲜的大学，我还处于探索状态，各种事物对我而言都是陌生的。因此，无知而胆怯的我什么事情都没有做好。上课打瞌睡，作业不认真完成；社团面试失败，中途偷偷退出；不够大方，支教打退堂鼓；处理不好集体生活，暗自纠结……虽然好多事情在现在的我看来，有点莫名其妙，但这就是成长。在学期末，我还要遭受期末周的"吊打"，不，是"毒打"。也只有期末周的时候，图书馆才是我最亲爱的朋友。在一周甚至是几天时间内学完一个学期的内容，这个过程实在是太痛苦了。于是，筋疲力尽的我发誓，以后绝对不允许这种情况再发生。可是，到了大一下的期末周，我却遭受到了更严重更疯狂的"毒打"。犹记得凌晨两三点还在为C语言奋斗的自己，更忘不掉那个睁眼闭眼都在做微积分习题的自己。

我发现大家都很优秀，而我上课不认真，又不肯自学。大一那段时间因为成绩的不理想我一度自闭，但心底更多的是不服气。

所以，大二的我课前预习，认真听讲，及时复习，完成作业，一切按部就班，我也成为图书馆的常客。然而，一个人的注意力集中的时间是有限的，即使时间是充足的，却还是总想要逃避，这时候意识已经控制不了自己了。没错，这就是期末周的我。为了解决这种情况，我找来了另一个同学一起复习，效果还不错。我们两个互相监督、互相陪伴，可以说，如果没有她，就没有现在的我。我居然进入班级第三，那一刻有点不知所措。镇静下来后，我选择加把劲，得保持。之后的我对待学习也更加认真了，在这个学期，我认识了一个新朋友——番茄TODO，一个自律软件。当你无法自如地管理时间、规范自己的时候，其实是可以尝试使用一些外部手段进行辅助的。

除此之外，在大二下学期，我还与其他三位同学参加了大学生创新创业项目，锻炼了科研能力。很感谢这个项目，让我大学的科研经历不至于为零。同时，我也很感谢化学原理设计的两位小伙伴，第一次大作业，虽然有摩擦，但更多的是为同一目标努力的快乐。

确实，真正努力了就会有回应。学期结束后，我的学科成绩与综合成绩排名皆是班级第一。虽然成绩不意味着所有，可它确实可以检验某段时间内你的实际情况。

对于保研这件事，我想我是幸运的。在大一的德育开题报告上，我这样写道："该有一个小目标了，读研。"为什么是读研呢？因为读研是一个很模糊的词，它可以是考研也可以是保研。这确实是很心机的做法。当时面对班级里诸多优秀的同学，我是根本无法自信地确切地表达自己的想法的。我当初压根没有想到，我可以离一个很遥远的目标如此近，近在咫尺。

作为学生，学习是我身上最大的标签。它伴我走过平淡而枯燥的、循规蹈矩、周而复始的四年时光；它伴我走过清醒而努力的、充实而向上的四年时光。与此同时，我认为，学习绝不意味着单纯的课本知识，还有各种能让

站得更高，看得更远

人闪光的特质，如心态、责任、宽容、兴趣，等等。所以，学习，我还在路上。

2. 勿大喜大悲

大喜和大悲是两个极端。一个过于快乐，可以到达堕落的边缘；一个过于悲伤，可以到达无所谓的边缘：这两个状态都是很危险的。如果能将极喜与极悲平均分配的话，那么就不会出现起起落落的情绪，就不会过于堕落，也不会过于痛苦。然而，很多时候我都在这两个状态里来来回回，备受煎熬。我想自如地管理时间，而不是被时间控制。

其实，很多时候我都会处于力不从心的状态，最后我也醒悟了，我知道一切力不从心都是源于不自律。由不自律导致了某些错误，而错误的累积终会在某一个时间段爆发，对我造成很严重的冲击，甚至是打击吧。然而，我本人一般不会向别人倾诉，这个问题也和我自身的家庭有很大的关系。所以基本每次都是自己先崩溃，然后自己劝导自己，自己调节自己，最后重新振作起来。曾经比现在还要难，都走过来了，那现在还有什么坚持不下去的理由呢？

成长是可贵的！在这个过程中，我参与了很多的事情，收获了各种能力，学会了更好地与人相处，也变得成熟了。

关于不可预期的

七月就在不远处，我们将就此告别，也将乘坐不同的车次，各自奔赴不同的起点，开启人生的新篇章。而我的未来，它是空白的，空白意味什么都没有，也意味着什么都可以有。

这四年，虽然在学习上，我不是尽善尽美，但也很感谢曾努力过的自己。同时，我也收获了很多东西，完成了很多事情。不过重要的是，我发现自己存在一个特别致命的问题，那就是眼界不够宽，活得不够精彩。所以，我希望在下一个阶段我能有新的突破，我想要站得更高、看得更远，拥有更多的能力。我不想以后遇到难题的时候，会回过头来怪那个曾经不上进、不珍惜时间的自己。

人都会有失误！我花了四年的时间才明白了建立目标的重要性，也就此知道收获的一定是和付出的成正比。但结果不是最重要的，更重要的是在朝所立目标前行的过程中，你所得到的各种能力。它们可以帮助你更好地适应不同的环境，走得更稳；也能让你去做一些自己真正喜欢的事情，而不是处于被动状态，处于被安排状态。失去了目标，就失去了活力，人生也将失去颜色，失去惊喜。面对失误，我们要做的是去改正它，而不是容忍它。从现在开始，重新出发，完全来得及。所以呢，我希望以后的自己，做好了上场的准备，会是最自信的那个。

关于最爱的

1. 永远的港湾

家人对我来说是牵挂。其实，我与家人的关系一向是陌生的。从小到大，我们没有过多的交流，我处于放养状态，所有决定都是我自己做的，比如，选文理科，填报大学志愿、研究生志愿……我们之间发生过很多摩擦，甚至争吵。但现在的我渐渐理解了他们。

其实，在大学期间，越往后，我就越想家，我想妈妈做的菜，想奶奶，想家里的猫咪，想家乡的美食……最让我牵挂的还是奶奶，从我离开家上大学后，她就是一个人在家，我时常会想念她。

2. 亮丽的风景线

朋友呢，对我来说是陪伴与成长。他们分别在不同的时间段出现，有的会在下一个时间段消失，有的则会一直陪我走下去。一路走过来，我们经历了欢乐、悲伤、激动、奋斗，尝遍了各色各样的味道。他们在各方面都给予了我不同的帮助与陪伴，让我这株飘荡的芦苇有所依靠、有所归属、有所认可。也会存在争吵，但最终也是一笑而过，没有什么大不了的，同时也会更加相互理解、相互信任。他们身上有很多值得我学习的地方，足以补充我性格、能力上的缺陷，真的很感谢！同时，也有因为我的任性、无知、幼稚而被我伤害的，真的很抱歉！

尾声

四年的生活，北理工的人与物都给我留下了美好的回忆。"得不到的永远在骚动，被偏爱的都有恃无恐。"这句话在一次又一次的实践中被证明了是真理。之前每天在学校的时候，什么感觉都没有，有时候还会抱怨几句。可是，等到要说再见的时候，是特别地不舍，特别地留恋。北理工的四年，有后悔，有遗憾，更有欢乐。

然而，关于毕业，我还来不及去珍惜，来不及去怀念，这场突如其来的疫情便打乱了所有的进程。开学是遥遥无期,盛大的毕业典礼更是想都不要想。其实,我真的很想回学校。我想念南校区的装甲车,到现在为止不说摸,连一张像样的照片都没有;想对北食堂说声抱歉,你确实还挺好吃,当初不该因为一两饭对你心怀芥蒂……

  再见了,北理工!再见了宿舍楼下的柿子红灯笼!再见了理教318!再见了曾奋斗过无数个日夜的图书馆!再见了支配我各种实验的生态楼!再见了北湖的小金鱼和大白鹅,还有南食堂的"你好"大叔……这些美好的回忆都定格在了一个叫北理工的地方,它们都将被我永久珍藏,时时品尝。

  感谢朋友们这些年的陪伴与欢乐!感谢北理工与各位老师的培养以及贺导的一路陪伴!

如果此刻，我站在北理桥上

人文与社会科学学院　解嘉高娃

饮食、睡眠、行走，我曾经和一个叫"北理工"的地方共享过这些时刻。关于这段时光太多的证物被封闭在那个应该会落了很多灰尘的、小小的寝室里。我太无力，无法翻阅，因而记忆变得过分单薄，某一处不同味道的风就可以把它吹得零零散散，好像只有把思绪重置在一个料峭清晰的地方，才能偶然拾起些重要的片段。有个地方，是银灰色的，夜晚会闪起彩色的灯光，上面挂着红色的字，它横在马路中央，每次夜晚归来，都能在北京一个个相似的街区里提醒我"近了、近了"。如果我此刻站在那里，我会做些什么？

向北走

1. 徐特立图书馆

下北理桥向北走，是徐特立图书馆。我曾经在那里的地下室排练过课堂的小短剧、测过体测、练习过校运动会的趣味项目。那里的大厅，是我们经常相约见面的地方。验卡的闸门时不时还会电我一下，让我清醒点。哦，那里的天井，我在这里排练过人文短剧大赛的剧目，那年还得了第二名。

上到五楼，会议室装满学生工作最多的回忆。在新闻宣传中心时，在这里招过新，那时候其实已经卸任主任了，但还是割舍不下。面试的学弟学妹们站在走廊上，会问些高深的技术问题，大家挨得很近却一点都不觉得挤，好像很久没见过这么多人聚在一起的样子了。后来在人文学院本科生第二党支部担任支部书记，每次支部大会也都在这里开，一起学习，一起进步。

图书馆的背面可以进到音乐厅里，我在这里表演过话剧。记得那时候来的人不是很多，导演却还是很满意。所有人都很努力，一遍遍排练和琢磨。

也在这里办过很多次活动,有校学生会的提案大赛,有人文青协的残健共融晚会。不过最初对这里的印象,还是军训时候的合唱比赛,站在台上,幸福地微笑,唱着《南泥湾》,那时候一切才刚刚开始。

图书馆背面的露台,是我经常一个人待着的地方。从那里可以望到对面的综教,也可以看到屋子里认真读书的同学,静谧而安逸。我们宿舍也在那里拍摄过MV,还记得剪了一个通宵的视频,对了一晚上的歌词和口型,那时候的时间缓慢而干净。该走了,你和我说说笑笑,七月的阳光太毒,我们赶紧往北湖的树荫下钻。

2. 北湖

我曾经在北湖边的石头上吃过没那么野的野餐。这里也是拍宣传片的圣地,每次有什么拍摄总是会跑到这里来,最后买几杯综教的奶茶犒劳所有人。说起综教,总要去刚开始分不清的演艺厅和报告厅看一眼,我曾在那里入党宣誓,也曾在那里和队友们一起夺得了人文知识竞赛的冠军。

北湖的夏天会有响亮的蛙鸣,给这里添了几分生气;冬天的时候看着桥旁的碎冰挽着枯藕,总是会想什么时候可以解冻,踩上去又会如何。湖边爬满青藤的长廊上拍过初任校学生会权益联络部副部长时的照片,是大学期间为数不多的正经照片。校学生会把各个学院的孩子们召集在一起,碰撞出彩色的火花,就像北湖木桥上的灯带一样绚烂。

在北湖的木桥上可以望见丹枫。我们寝室总是偏爱丹枫楼下卖的冰镇西瓜,总觉得远的地方带回来的西瓜会更甜一些,当然也有很大原因是为了顺便取快递。我常常骑着共享单车奔波在寝室和丹枫学院办公室之间,送去了很多材料表格,也取回了一张张奖状和证书。走到这时候我们应该累了,是时候回寝室休息了,顺便再去学生服务中心带点饭吧。

3. 静园

我们在静园开开心心地住了四年。这里是我们第一次见面的地方,大家都在忙忙碌碌地置办自己的小窝,要它舒服又温暖,要自己这四年过得幸福又惬意。我更喜欢在寝室里学习,考试周的时候大家都会很安静,只有在吃饭时间才会热热闹闹地围坐在大桌子上一起边看综艺边享受美食。桌子上总有不知是谁的纸巾和手机支架,就算在独自一人的时候也平添了几分烟火气。

清真烤串还在的时候,我们手机里留了不少张菜单的照片!

还记得我们一起在这里办过几次聚会吗?我们一起做冰皮月饼,画了好多张海报;我们又是打光又是走秀,分工办出了一场简陋的"维密秀";

我们一起过生日，一起画数字油画，一起跳《好运来》……我们曾一起迷惘叩问，也一起努力奔向答案。这里的回忆太多了，不过看时间，这时候我应该已经洗完澡，爬上床准备睡觉了，可能还要去淋浴间取一下忘在那的校园卡。

睡吧，明早还要一起去南食堂吃小笼包。

二、向南走

1. 南操场

这里是军训结束离别的地方。

这里是清晨拉练出发的地方。

这里举办过良乡十周年晚会，举办过社团联合演出，举办过人声鼎沸的运动会，这里的红色和绿色，曾深深地刻印在我的眼底。去南食堂穿过这里会近一些，虽然塑胶粒会钻进鞋子里几颗，虽然飞来飞去的足球会有点危险，不过操场上的味道好像就是青春的味道。好像也是走在操场上的时候，得知自己获得了研究生推免资格，开心得直接坐在草坪上把消息发给了爸妈。

今天，这里还是一样的热闹！有散步的阿姨，有踢球的留学生同学，还有像我们一样去南食堂抄近路的同学们，只是模样不甚清晰。

2. 至善园

吃完早饭正好在至善园附近走一走，每次大创立项、中期、结项都要跑几趟这里，谁也没想到我们几个最后做了个国家级的大创项目。每次电费和洗衣卡充值也要来这里。其实说来也并不陌生，大三做朋辈导师的时候也在这里给学弟学妹们上过一次课，那时候的自己意气风发，希望也把这个自信劲儿传递给学弟学妹们。

紧挨着至善园的就是博雅了，走到这里我应该会和你讲起我在大三寒假的痛苦回忆。那年寒假我留在了北京，从静园搬到博雅来住，愣是用共享单车把被褥行李一股脑搬了过来，还记得我满负荷骑着车上坡时候无限的绝望。寒假的博雅有点冷，下大雪的晚上还得添件羽绒服在身上。那时候早出晚归，每天有半天的时间花在通勤上，吃饭都成问题，每天艰难地跟自己周旋着。不过临走时还是因为几场鹅毛大雪开心得不得了，在博雅楼下堆了个大雪人。

3. 理教

我们一起在这里上过很多课。其实走到这里之后会发现变了很多，多添了几处沙发和咖啡角，卫生间也放上了漂亮的装饰，黑板里面装了显示屏。

一切都在飞速发展着，仿佛生怕抛不下我们！

课堂上也发生过各种各样有趣的事，我们彼此都讳莫如深。大多数时候总是安静地记一记笔记，照一照幻灯片，阳光透进来的时候，黑板上的一部分板书好像突然闪了闪，跳出了框架逃走了，怎么调整角度也找不到，反而慢慢观察起左右的字来，等惊醒时已经讲到了下一张幻灯片。

理教楼下自动贩卖机里的黑豆奶曾经是我很长一段时间的偏爱，伴我度过了无数飘飘欲仙的早课，不过不知从哪一天开始就换成了其他饮料，我也默默改喝更加提神醒脑的可乐，还偷偷攒起拉环。拉环还在寝室桌子上的玻璃罐里啊，不知落没落进灰尘，总归是有点担心。

总觉得在理教考过的试更多，好像没有跑错考场的经历，巨大的阶梯教室总是让人想起期末考试时的紧张时光。太熟悉的场所，总是轻易便能感知时间的流逝，还是走吧……

向前走

德育中期的时候我把自己比作刚从傲来国走出来的小猢狲，等待着那一天"喜汝隐恶扬善，在途中炼魔降怪有功，全终全始，加升大职正果，汝为斗战胜佛"。那时候其实是本科期间为数不多的焦虑时期，周围弥漫着浮躁，混合着迷茫。只身行走在偌大的城市中，身份不断发生着转变，迎接着新的挑战。不过，值得庆幸的是，这个"小猢狲"并没有被打倒，还是快快乐乐地找到了方向，向着夜空中最亮的星迅速地飞去。

成长和前进总是无尽推搡的两个词。太多人纠结于成长的同时是否向着正确的方向前进，总会在某一个节点感受到千军万马兵临城下的窒息感。其实成长就像一个圆圈，它向着不同方向，甚至维度扩散，前进与否还需要给自己一些时间站在前面回头看，才看得真切，有些事情只有时间和成长后的自己可以给出答案。

就像此时此刻，我好像就站在北理桥上，我可以向南或向北，只要不翻越保护生命的护栏。我一直都在向前走，只有自己知道每一段行走的意义，每一处的阳光都有不同的颜色。

学以致用，做更好的自己

设计与艺术学院　陈婉馨

时间是沙，即便再小心捧着它也顺着缝隙从生活的手里溜走。仿佛初踏进校门还是昨天，可当论文打下最后一个句点，答辩讲到最后一页之时，即将毕业却成了不争的事实。回首过往四年，学到了很多，也成长了很多，当初那个毛躁的丫头此刻对世界有了初步的认知，当初对专业知识的一窍不通此刻也有了一定的自我见解。大学生活不像是自己想象中的象牙塔，它积极快乐，它也痛苦现实。在这漫长的时光里，跌倒爬起是最常做的事，挑灯夜战是最常有的姿态。大学生活就像一场梦，还没有回味过来就已经走完了，同学们仿佛刚刚熟络起来就要分别。要说最大的遗憾可能就是由于疫情的原因没有彼此好好说声再见，也没有好好道别。弯弯绕绕，即便哭过、难受过，但享受仍是我对大学生活总的概括。

大学原来是这样的

1. 关于学习

无论是看电视剧还是听大家讨论，大学都是人生的休息站：通宵开黑的游戏，数之不尽的假期，无人管束的自由……刚入学的自己同样抱着懒散度日的期待。可随着时间的推移，我慢慢懂得了这些剧情只存在于小说情节里。专业课程里有太多新的知识需要掌握，课程作业里有太多需要突破的难题。由于专业的实操性强，所以我需要通过不断的学习与练习去驾驭从未接触的软件，去理解毫无概念的知识。没有一座堡垒是一日建成的，也没有一个进步是不需要汗水的。

苏格拉底说："世界上最快乐的事，莫过于为理想而奋斗。"对于我而言，成为一个出色的有自我风格的设计师是我的理想，我所有的努力都源自对视觉传达专业原始的喜爱。每当我觉得自己足够理解所学专业时总会有新的角度和知识出现在面前。参加不同的设计竞赛、投稿不同规格的展览，以及尝试做一些个人作品，我想要知道自己的能力是否可以被外人认可，是否符合学校之外的设计标准。总结四年的学习过程，我有点欣慰，因为我并没有虚度四年时光，而是尽自己所能以认认真真的态度度过，虽然其中不乏一些弯路，遇到过很多困难，但我总结出一套有效的学习方法，我享受着学习过程，也在学习中成长、收获。学习的目的不仅仅是满足考试的需要，更多的是要完善自己特有的知识体系，将所学为我所用。学习不局限于课本，它还包括丰富的社会经历。就像我曾回答老师关于"为何努力"的答案一样，我从未将自己放在与他人竞争的世界里，我想做的仅仅是尽我所能打败现在的自己。从最开始不善言辞，站上讲台演讲时的内心惶恐到如今享受在台上分享成果的自己，我感受到了内心那个小女孩的蜕变——自信，有底气。很庆幸在选择专业时坚定的自己，否则我可能会错失一个令自己为之努力的热爱。

2. 关于相处

作为一个从未离家也未体验集体生活的人，与他人相处成为我大学生活里的必修课。北京到武汉的距离，使得父母成为遥远的陪伴。刚到学校那会儿，对我来说，北京是陌生的，周围人是陌生的，一切的一切都需要自己重新认识。

记得以前每到这个时候，学校里都会有一群师兄师姐们纷纷告别和离开。那时的我，有点羡慕可以离开校园开始新的人生的师兄师姐们，只是偶尔会感到校园里一下子冷清了许多，好像少了点什么。而现在的我，却有点羡慕可以留在学校继续大学生活的师弟师妹们，想到自己也即将告别和离开，心里顿时空落了一片，好像丢了点什么。

在宿舍的集体生活里，我重新理解了朋友之间的舒适距离，懂得了如何与别人相处，不再是以自己为中心，渐渐地从自我世界里走出来，开始习惯和别人一起生活。在班级的集体生活里，我试着表达自己的想法，做力所能及的事情。在北京的都市生活里，有幸结识了一些行业中的朋友，有了自己在北京的社交圈子。四年中，不是所有的相处都是舒适的，在尝试和接触里我学会了如何与人沟通，也学会了什么叫做适度，我很幸运地交到了无话不谈、一起"犯傻"的朋友，我也遗憾曾经亲密却一不小心走散的人。

学会与人相处是长大和成熟的标准之一，大学则是学会这门课的第一步。

3. 关于生活

大学四年匆匆而逝，我们即将要走出大学的校门。我想说，时间飞逝，我的大学时光，就这样快结束了。最近走在校园里，我能感受到几分离别的味道。让人忍不住感慨一下，还有一个月，我们不得不离开校园，告别这熟悉的味道。我们究竟收获了什么，失去了什么？是欣慰还是遗憾？我想每个人心里都有自己的标准。

虽然专业课很多，作业也很繁重，但大学的生活仍是蜜罐里的水果糖，各有滋味儿。大一的自己似乎还没长大，脱离父母约束后总想过过没心没肺的生活，除了在画室里奋笔疾书的时间，其余的日子就是和朋友追剧、看电影，做任何想做的事。久而久之剧库里的库存告急，电影更新速度跟不上我们去电影院的频率，这样的生活开始变得无聊乏味。记得大一下学期讨论的最多的问题就是：接下来干什么？

大二分完专业后，通过在网上对自己专业的查阅了解到专业的涉及领域及未来职业选择后，惊喜地发现我产生了兴趣。下定决心要不遗余力地学好。也就是从那时起，我开始往教室的前排坐，上完课后手机也不再仅有百分之十的电。学习和做作业占据了生活一半的时间，奇怪的是学得越多懂得反而越少，因为在往前走的路上你会发现有太多太多的知识是需要循序渐进的，手上功夫和创意想法必须同时兼备。

到了大三虽然掌握了一部分基础知识，但随着课题的深入，设计作业里对完整性和理论基础的要求越来越高。熬夜是常有的事儿。印象最深的是网页设计课和组员一起在KTV通宵改图，大概可以被列为大学生活糗事之最吧。由于第二天需要定稿，而头天下午才收到修改意见，于是五个人傻乎乎地定了一家唱歌房，一直修改到第二天天亮，困了时就点首歌唱唱，累了就闭着眼睛睡会儿，现在想想那会确实疯狂，但也难忘。

大四是特殊的，也是有趣的。上半学期决定保研也是在自己规划中意料之外的事，纠结的时候正好在南京考察，与朋友聊完之后与父母聊，与父母聊完之后与老师聊，这个决定大概是目前为止做过的最难定夺的决定。好不容易结束了本科期间最后一门课，却因为疫情的原因放了一个长达半年的假期，本该在学校完成的毕业设计任务也因疫情的原因留到了家中。可以说毕业设计推进的每一步都是艰难的，需要不断地思考如何操作。即便无法出门也要想办法沟通。大四在学校的时间很少，可学习的热情却从未减却。就这样，在忙碌并且充实的日子里，本科生活走到了尽头，回望过去，仍是享受。

青春感悟

1. 心中热爱，所以向上

没进入大学之前，学习是为了考学，那时的我并不知道学习的乐趣是什么。日复一日上课，与其说我在学习，不如说我是个考试机器。那时候的我没有确定的目标，单纯按着家长所期待的样子长大。

我大学收获最大的大概就是知道了自己喜欢什么，找到了真正属于自己的热爱。我喜欢平面，喜欢图案，喜欢用点线组成面，我开始自己主动去求知，再也不需要有人在背后助力。学习途径不是单纯的老师讲授，还可以是与同学的交流和合作。学习真的是一个很有趣的事情，但前提建立在你是否热爱你所学习的东西。没有人能帮助你学得更好，除了你自己。

2. 你们是我一辈子的财富

我是一个十分慢热的人，虽然性格开朗，但在陌生人面前却很安静。来到北理工后，最先认识的就是我可爱的室友们，她们幽默有趣，她们大度包容。虽然我们专业不同，但总能聚在一起学习，周末去咖啡馆待一整天似乎成了我们之间不用说的约定。我们一起看剧，一起逛街，深夜时边刷网站边讨论八卦的时光，是最普通的，也是最快乐的。住在一起总会产生摩擦，何况相处的空间只有几平方米。虽然我们也闹过不愉快，但最终都相互理解。

因为没有室友和自己一个专业的缘故，最先去班里的时候紧张到大脑缺氧，还好有那么个傻傻的女孩打消了我的顾虑。我们每天一起上课，一起下课，流转于各个食堂之间。别人总认为我们时时刻刻都在学习的状态，但其实只有我们自己知道我们也在犯懒，也会溜出去放松。值得一提的是在大三和大四两个学期，属于我们两个的小圈子迎来了更多的朋友，不仅有从延安交换过来的朋友，也有班里几个组过队的男生。朋友真的只有相处过后才能发现他们的好，我从未想过可以收获这么多有意思的伙伴。

还有一类人在大学生活里对我也十分重要，他们就是老师。大学老师不同于初高中的老师，我们之间的关系不仅是师生，更多时候是朋友。老师传递知识不再是她在台上我们在台下。他们课下倾听我们的想法，在实践里传授我们理论；在我们迷茫时给我们建议，在我们不快时听我们诉说。老师们也总会从他们的角度分享他们对于一些事情的态度，也会询问我们是否赞同，他们是大学生活中特殊的朋友。

无论是室友还是老师，都是我在大学里收获的弥足珍贵的宝藏。感谢你们，让我走出了自我构建的封闭世界；感谢你们，让我不是一个孤立的个体；感谢你们，和我一起疯一起闹，做一些疯狂的事情。人们常说没有经历社会的友情都是未被发现的珍珠，当我从人海中将你们"打捞"起来的时候，我就知道我需要用一辈子的时间打磨这段友情，你们是我一辈子的财富。

3. 敢，才有万丈光芒

也许是从小到大身边的人都很优秀，自己逐渐养成了凡事随遇而安的性格。这种性格反映在生活中就是坐在教室的角落，永远不主动与别人交流，不轻易说出自己的想法。改变我的是从大一下学期开始的课堂展示。刚开始的时候，我讲完下台时脸就像被火烤过的山芋，一次又一次过后逐渐变得大胆、自信，老师的鼓励和肯定成了战胜自我的良药。

身边的朋友越来越多，他们鼓励我尝试曾经不敢做的事。大四的时候有个地铁宣传墙的项目，朋友说："试试看吧，我们都相信你。"虽然那会已经可以独立完成一部分设计，但不足以支撑自己独挑大梁。原本是不打算接的，毕竟这么大的项目自己一个人负责太冒险，无法想象也不敢承担失败的风险。最终还是拗不过朋友，接下了这个项目。不知道熬了多少个大夜，也不知道电脑死机了多少次，数不清提交了多少遍审核，甚至忘记了中途有过多少次到此为止的念头。整个地铁走廊长约百米，所以不仅是对我个人，对于电脑的挑战也是极大的，做到一半死机的时候真的想砸掉它。从一开始的单元讨论，到分版设计，再到后来的印刷选色，每一步都拼尽全力。在最后展示的时候，那种由心而生的自豪感是我二十年来未曾体验的。

永远不要觉得自己做不到，勇敢是做一切事情成功的必备品。困难并不可怕，它只是一种不一样的经验。勇敢总是对的，不往前走永远没有收获，没有收获就永远无法长大。敢，才有万丈光芒。

目标，多远都可以到达

鲜花因有了目标而开放，泉水因有了目标而奔流，大雁因有了目标而飞翔。目标是一个人努力的方向。有了目标，才知道我们做事的意义何在；有了目标，才知道应该朝哪个方向奋斗。生活中有了目标，未来就会充满希望，我们就会更有力量和激情，生活也因此更精彩，更美好，更充实。目标和理想是十分美好的词，它承载着许多人对未来、对前途的美好憧憬。它也是许多人对于自己的期待。在本科生活即将结束的日子里，我也曾无数遍问过自己：理想是什么？目标又是什么？理想越高越难实现，所以心里总是有两个自己在打架，一个说安稳过日子就好，另一个说没有挑战的人生没意思。

我的一个朋友经常说："我不去和别人比，我和自己比。我只想我今天的目标是什么，应该怎样完成，是否完成了。"所以她每天都会给自己制定一个小目标，并且尽最大的努力去完成。生活需要目标，制定目标也要合理定位，适时把握。我很赞同她的做法，不要把目标定得遥不可及。拥有远大的理想不是坏事，但若超出了自身的实际能力，就未免不合时宜了。凡事要尽力而为，也要量力而行。所以对我而言，理想是有的，但不可定得太高。不同的人生阶段会有不同的人生理想，作为现在的我希望自己可以有自己的设计态度，做一个拥有想法和创意的视觉设计师——永远不要丢掉对设计的喜欢，做令自己满意的作品。

就目标而言，我希望在未来几年可以成立一个自己的设计工作室，可以不用很高的回报，只是希望通过工作室的方式多去了解一下现代社会对于设计的需求与对于设计的理解。其实理想和目标并不可怕，只要制订好每一步的计划，多远都可以到达。每天制定一个小目标，循序渐进，逐步实现目标，就能避免许多无谓的挫折。如果找不准底线，一味求多，可能就会适得其反。生活如歌，因为有了目标而婉转动听；生活如酒，因为有了目标甘甜香醇。热爱生活的朋友们，让我们一起共勉，为了心中美好的愿望去自由翱翔。

做一个有趣的人

自己从慢热变得开朗，从不善言辞变得敢言敢说，感谢大学四年里经历的所有，无论是成就还是获得的成功，还是沿路遇到的困难和挫折，这一切的一切都是成长的养分。也正是因为这段经历，让我长成了现在的自己。

总结大学四年，我们每个人都在一点点地学习，慢慢地成长，由一个青涩的高中生渐渐长大。现在大学即将结束，不管我们曾经的理想、曾经的计划是否已实现，我们仍然要不断拼搏，因为我们还年轻。在以后的日子里，我们仍然要不断学习如何做人、如何生活、如何实现自己的价值、如何实现自己的理想抱负。

本科生活的结束，意味着研究生生活的即将开始。在未来的时间里，希望自己仍然保持热情，仍然踏实努力，认真完成每一项任务，永远期待明天，永远知道自己下一步应该做什么。

在生活里，希望可以交到更多有趣的朋友，也希望在接下来的日子里可以和更多的同学合作和学习更多的有关设计的知识。

感谢你,北理工

　　没有踏进北理工之前一直都没有想过自己会和北理工有连接,甚至从未想过自己的大学会在这里度过。本以为生活会很痛苦孤单。但实际上我过得很快乐。在这几年里,想要感谢的人太多。感谢辛苦工作的老师,无论是在课堂上还是实践辅导上一遍又一遍地耐心讲解,不厌其烦地孜孜教导,都是督促我进步的重要营养。感谢我可爱的舍友,在一起没心没肺地玩闹以及相互打气的时光,是大学里浓墨重彩的一笔。感谢所有经历的不开心与磨难,是你们让我成长为可以更好融入社会的人。感谢北理工,没有你,我可能无法体验这从未想过的生活。北理工,在未来的日子里,你依旧是我疲累时想要回来休息片刻的港湾,同时你也是在后方给予我力量的坚实后盾。感谢你,北理工。

学以致用,做更好的自己

晓看天色暮看云

徐特立学院　周星宇

春红落尽，夏木成荫。回想四年的大学时光，一种莫名的兴奋让我有种冲动要在这张白纸上描绘出最美的自己，在未来的时光里，谱写出生命中最灿烂的乐章。岁月匆匆若流水，冲淡了初入北理的新鲜与懵懂，沉淀的往事如星光，记载了平淡大学生活中的酸甜苦辣。蓦然回首，年少的偏执与幼稚，已在脸颊上消失，却铭刻下曾经的激情与执着。

大四的上半年，辗转于宿舍和实验室之间，走在校园里，来来往往的人群，行色匆匆。有时也往返于中关村与良乡之间。学业之余，北湖荡漾的波光，北理桥边低低悬挂的夕阳，尽入眼帘，在许许多多的艰难与挫折中，给予了我些许坚强的理由。

进入庚子之年，逢新冠肺炎疫情暴发，由于防控需要，我们居家学习。中吴之地，南有余杭，东临姑苏、吴郡，西抵金陵，虽不似沪蓉繁华，但晓看天色暮看云，却也有个别风情。有时也会有些许的柳絮，比京城的还白，蓬松、纷纷扰扰的，好似江南冬日的雪。桂花米露算不上酒，却也是醉人的。

书中自有黄金屋

也许初高中的时候语文不怎么好，进入大学之后便开始尝试多读读书。大学四年零零星星看了许多的书籍，有小说，有散文。

喜欢肯福莱特的"世纪三部曲"：从煤矿里探出头来的青涩小伙，眨眼间变成为工人福利四处奔走疾呼的抗议者，抗议者的身影又渐渐幻化为在议会上高声抗议的青年人；从在贵族家里小心翼翼，生怕惹恼主人的女仆，到被英国皇家授予爵位的女公爵；从边境滑过房屋绳索悄然跨越柏林墙的"叛国者"，到亲身见证柏林墙轰然倒塌的德国女议员。世界千变万化，苍生各有命运，但不放弃自己的人生，即便艰苦，生命也因此火热而灿烂。世上只有一种英雄主义，就是认清生活真相后，依然热爱生活。

喜欢余秋雨笔下的千年文化之赞，从《道士塔》的漫漫黄沙开篇，和着异乡漂泊者的脚步声结束，从两千多年前李冰的都江堰直读到两千年后非常时代的吴江船。我悲痛敦煌文物的流失，努力想象夜航船的笃笃声与船桨划破江面的水涛声。我数次在梦中虔诚拜倒在天一阁朱红大门前，不自觉地问："你来了吗，你又是哪一代的中国书生？"

喜欢东野圭吾的剧情反转，喜欢《解忧杂货店》：时光闭合成为一环温柔的轮回交错的关系网，在流逝的日子里面，有许多奇迹是让人难以相信的。所谓瞬间的选择决定一生，讲述的就是这样的抉择。

喜欢八月长安的《你好，旧时光》，虽然真实的生活没有那么多的反转，但是暗藏的惊喜，总会使人在不经意间感叹生活。人生就像是一列不断向前的列车，列车上有很多站，很少有人能够自始至终陪你走完。当陪伴你的人要下车时，即使不舍，也应该心存感激然后挥手告别。时间的车轮推着我一直往前跑，我感觉自己已经好久没有停下来，回头望过去的那些旧时光。或许是自己觉得这样念旧的行为完全没有必要，无聊又幼稚。毕竟人总要向前看，美好的未来在招手，我如果还在恋恋不舍那些不谙世事的岁月，岂不是很可笑？可我现在，却很想笑这个身体里住了个小大人的自己。都是已经回不去的东西，还跟它们较什么劲。更何况，要是没有它们，哪会有现在的自己。只有当一个人能够正视自己的旧时光，不躲避，也不沉迷，时间的大筛子才能为他挑选出最美好的部分。我已经不再有像阿迪达斯经典款的校服，不再有数不完的练习卷和校本作业，不再有晚自习的铃声。我长大了，好像浑然不觉。我们只有更从容地向前，才对得起这些漫漫长夜里依旧熠熠闪烁的旧时光。

整个大学四年读了大约100本的书，可能数量不代表质量，真正看到心里的估计也没有多少，以后如果还能记起，便更加寥寥无几。很多时候有点心不在焉，思绪是乱的，只知道在这个年纪，读书总是好的。在忙忙碌碌的生活中，有一种忙碌的踏实，有一种从内心深处满溢出来的不懊悔。

读万卷书，行万里路。人的生命有限，羁绊太多，漫漫人生路，脚步能丈量多少？而书本，就是一幅幅地图，带我们了解这世界各地的人文、风俗、历史，了解这广博的陆地，了解这汪洋的大海，了解这无尽的宇宙。四方上下谓之宇，往古来今谓之宙。

桃李春风一杯酒

大学四年，人生在世，少不了朋友的帮助。"得君之所助，青云如闲步。感此莫大德，必报涌泉处。"感谢那些一路走来的朋友们，即便暂时分离，也不必伤感。待到经年赴约洛阳里，恰逢是佳期，并肩横桥映流水，不问久别离。

生活因你们而火热，感谢我的舍友们！我们一路走来，尽管生活习惯不同，但也历经磨合，团结如初。还记得一起打游戏、一起出去玩的情景。

感谢宇航班的兄弟姐妹！求学不易，大三时又遭遇变故，几经被抛弃，大家一起努力，方能渡过难关。尤其是几位同学一起进了同一个实验室，十年本硕博，同舟共济、风雨兼程，有了你们科研之路熠熠生辉。

感谢我高中的好朋友们，高中三年的一同奋斗记忆犹新。进入大学，各自选择了自己的人生，虽漂泊四方，也偶尔有一些联系。"桃李春风一杯酒，江湖夜雨十年灯。"求学之路甚是艰辛，希望大家都有一个更好的未来。他日若江湖相逢，定当杯酒言欢。

生活因你而火热

大学，我用十年的奋斗去得到，用四年的拼搏去精彩，用一生的回忆去珍藏。

大学是桥梁，承载着校园与社会，成就了人生的过渡；大学是熔炉，磨炼品质与坚强，铸就了人生的顽强；大学是天平，天平两端分别是智慧和人生，而天平的指针指向成熟。

最后感谢一下自己，大学这四年，正值脱离父母家人，独自闯荡的开始，个人的思想价值观也在这一时期逐步形成。有句话说得好："未佩妥剑，出门便是江湖。"太多的时候，在迷茫、焦虑中前往。想追求内心所想，却在他人眼光中徘徊不前，甚至背道而驰，既没活成他人眼中的优秀模样，也没成为内心期待的自己。

以前觉得生活应该是五光十色、绚烂多姿、爱憎分明的。曾经翻来覆去看《窗边的小豆豆》最后一节，痛哭流涕，仿佛那个被炸毁的幼儿园是我回不去的童年。也曾将《无问西东》的台词一遍遍地摘抄，因为每一句话都敲到了我的心坎里面。很怀念那个时候的敢爱敢恨，脑子里装满了浪漫与美好。

但是我好像慢慢丢掉了这样的自己,不会再为那些或真实或虚构的故事而感动,虽有触动,均止于浅。可能这就是所谓的成长。

越成长,越会觉得自己渺小。人生一世,草木一秋。每个人都是社会的一颗螺丝钉,历史长河中的一粒尘埃。相比于那些宏观的东西,个体总是显得那么渺小和脆弱。感谢能够生活在这么一个美好的时代,它给予了我们普通人奋斗的机会。我相信每天的付出都有回报;相信大家一起努力,万物各成其美;相信即便困顿前行,也终能收获美好与幸福。

文已至此,纸短情长,感谢所欲之恩、所受之罹,感谢所遇到的一切。任他风吹雨打,任他海枯石烂,乘风破浪,会当有人,勖哉多士,努力前程!

没有做不到的，只有想不到的，尽情地去发挥自己的才能吧！不要让青春虚度，在每一天的生活里载入一点点收获，让自信的微笑浮在你我的脸上，坚信付出就有回报，激情迸发精彩，相信明天会更好！

第五篇 德学思

四年的本科生活，遇见了不同的人，遇到了许多新奇有趣的事，也克服过种种的困难，得到了更多的收获。大学时光就像满满一瓶闪耀着的奇妙沙砾，它占用了我生命中从未成年到成熟的节点，又把我点化成如今的模样。

——宇航学院　胡先达

　　时间如水，总是无言。
　　初不识德育为何物，擅解为当时之论、来时之望。今本科既已，回望四载求学路，不禁潸然及涕下。余谓之德育，建哲思明心志者也。其形小而博大，式微而见远，四载已方见其功。芸芸人者躁之，言未及之而言，理未晓之而授。人云不积跬步，无以至千里。曰：人之立志，跬步不止。

——宇航学院　李沛霖

　　没有一场轰轰烈烈的恋爱，也没有一场说走就走的旅行，我的大学生活中的色彩全靠朋友点缀。在某个天气晴朗的周末，能和朋友欣赏一部刚刚上映的电影，享受一顿丰盛的午餐，是我大学中最快乐的时光。

——宇航学院　赵桓磊

　　四年漫长的旅途中，除了收获，必然也有由于松懈和懒惰造成的遗憾，但是这些遗憾会一直伴随着我，直到我寻找到弥补它们的方法。尽管已经怀有了坚定的决心，但也不能陷入自我满足。走到这一步的历程固然坎坷，但是却没有时间用来自满和放松。现在记录下的心境和领悟，当几年过去之后，又会有怎样的改变呢？这样的幻想已经可以作为童年的回忆，埋藏在心底。坚定不移，着眼脚下，稳步向前，这才是实际应当选择的行动。
　　"我于是走上这条坎坷、蛮荒的路径。"

——机电学院　肖子木

深夜的路边摆起了地摊
新闻伴着宵夜下肚
总是能无意中蹭到周围大同小异的谈话

行人们都在小心翼翼地尝试去苏醒

而这段经历也将在经年后变成人们记忆中的谈资

感谢这一个多月的沉淀

给壮志凌云却又踌躇不前的灵魂按下了暂停

有幸看到多年来久违的花开

印象中的小城仍旧不紧不慢

为每日的柴米油盐而忙碌

曾经的同龄人已踏进上一代人的脚印中

原来活在另一个世界的人是你

——机电学院　李　磊

  这座校园承载了你青春的落幕，但最终也留下了太多的遗憾。当你认识到同学情可贵的时候，甚至会"埋怨"自己的蜕变。驶过万水千山，华灯初上，又是一个新的起点……

  天空下起了大雨，淅淅沥沥地落在池塘中，溅起一阵阵涟漪。"真没想到你今天会来这里，我在做梦吗？"你又听见了那个熟悉的声音。

  "当然，梦就在这里，而且是一场做了九年的梦。"此刻的你呈现着真心的笑容，望着眼前这个不用再纠结任何前缀的朋友。

  雨过天晴，阳光照射在晶莹的水面上显得格外闪耀。你们应该都在想，如果当初选择了另一条路，会不会有不同结局？

——机电学院　王泽豪

  蓦然回首，灯火阑珊。四年的时光交错，有欢声，有笑语，有泪流，有分别的不舍，也有前进的雄心，种种复杂情感交织在内心。

  人生若只如初见，大学时光恍然而逝。时间就是指间的沙砾，可以拥有，却无法把握，只能眼睁睁看着流逝，唯留下记忆里斑驳的光影和身体上时间的痕迹。

——机械与车辆学院　孟　洋

  人生里，没有做不到的，只有想不到的，尽情地去发挥自己的才能吧！

不要让青春虚度，在每一天的生活里载入一点点收获，让自信的微笑浮在你我的脸上，坚信付出就有回报，激情迸发精彩，相信明天会更好！

——机械与车辆学院　刘欣宇

  转瞬四年匆匆而过。风雪背后又迎春，岁岁荣枯的花草虫，长路漫漫的人生途，天地时节轮回不止。值得庆幸的是我们还拥有内化生命运作的能力，仍有满腔的热血和未谢的活力，仍有未完的梦想和深爱的东西，在年少的夜晚仍能真切感触到自己的体温，听闻自身的謦音，我们是那样鲜活，我们是那样可爱，我们还要继续前行。路未尽，人未老，此一别，各入海，随波涛汹涌日夜奔赴，奔到天与地泯、悲与喜无的地方，自成宇宙。

  祝愿你我前程似锦，来日可期。

——光电学院　周诗韵

  四年光阴，铭刻着寻梦与追梦的脚印，记录着点点滴滴的汗水与泪水。对于即将踏上新征程的我们，这段经历将让我们受益一生，这个梦想将指引着我们人生的轨迹，代表着我们所能攀登的高度。光阴不再，但是梦想永远铭记，希望未来的我仍能记起这段经历及其所铭刻的痕迹，不忘初心、砥砺前行。

——光电学院　刘骁征

  大学是一场马拉松，但我们的终点是星辰和大海。告别了父母，离开了家乡，单枪匹马踏进了大学校园。这一次我们每个人相当于又一次站在了新的起跑线上，没有什么人明确告诉我们终点在哪里，或者说我们在朝着我们的未来而奔跑。付出才有回报，恒心和耐心在这里弥足珍贵，决心和信心在这里被人歌颂。

——光电学院　李远哲

  初次读到就很喜欢简媜《温暖的空旷》："你想起年少时，固执地夺取单一的绚烂与欢乐，抗拒枯萎与悲苦，不禁感到羞赧——真像浅塘在暴风雨面前痛哭啊！人生应如秋林所呈现的，不管各自在岁月中承受何等大荣大枯，一切都在平静中互相呼应、成全，共同完成深邃的优美。树的枯荣装点了磐石，苔痕衬托浮光，因容纳而成就丽景。当心胸无限空旷，悲与欢、荣或枯的情事，都像顽皮的松鼠偶然抛来的小果粒，你咽下后，微笑一如老僧。"希望一生平淡安稳，父母俱存，兄弟无故；仰不愧于天，俯不怍于人。

——光电学院　赵苏怡

我常常感到自豪，生在这样一个伟大的时代！我愿意化成一滴水，汇入滚滚向前的时代浪潮，用尽自己全部的力量，去折射出整个中国的色彩！这样的青春，才是绚烂的；这样的青春，才是蓬勃的；这样的青春，才是无悔的！

身在井隅，眼望星光，心底有诗，自在远方。我知道，征途是星辰大海，我愿意，以奔跑的姿态，拥抱未来！

——光电学院　赵吉哲

心中向往的东西，应该脚踏实地、坦坦荡荡地去追求。人生如旅舍，你我皆是来去匆匆的行人，即使我们非常渺小，也应该勇敢前行。在我看来，这段话所表达的是一种务实、进取、洒脱的人生态度，同时也包含了对生活的热爱和对初心的坚守。

——信息与电子学院　王明伊

凡往日所见，如今历历在目；成败得失，也皆在回忆中生辉。在这个人生节点处，权且记下一些东西，作为一段时光的句点和下一段旅程的开端。正所谓凡是过去，皆为序章。

——信息与电子学院　付翔宇

人生要有底线。这个底线是多样的，比如做事的底线，为人的底线。"我将要到哪里去"，这个问题空泛，但也实际。说空泛，是因为它没有一个准确的答案；说实际，是因为它将指引我们未来的人生轨迹。但无论如何，无论未来我从事何等职业，我的底线是绝对不可逾越的：一定要做一个善良的人，一个心怀感恩的人，一个有责任、有担当的人，一个不给社会带来危害的人。

——信息与电子学院　刘杉珺禹

青春是多姿多彩的。初入大学时，觉得自己如鱼得水，是世界上最幸运的人，那时候的青春是橙色的，充满着希望；自尝苦果之后，我体会到了失败，那时候的青春是深蓝色的，我内心虽然忧郁但还是充满希望；在大四考研的时候，那时候的青春是绿色的，我整个人充满了斗志和阳光。这四年来我体会到了青春的多彩和成长的意义，从开始的焦虑到现在的主动接受，我认为自己长大了很多，从那个只知道学习的小女孩成长为一个知道自己要什么、什么时候该做什么的合格大学生。遇到了许多志同道合的伙伴，俗话说"三人行，必有我师"，在他们身上我看到了很多闪光点，也逐渐让自己变得更好。大学即将结束，马上要迎来研究生阶段。我已经做好了心理准备，希望能通过自己的努力达到内心的期许。

——信息与电子学院　王新悦

这一年大家都在努力奔赴更好的未来，不管是如愿以偿，还是失之交臂，希望我们都能奔走在自己的热爱中，努力向上爬，不负初衷。

——信息与电子学院　赵子威

即将毕业，回望四年的点点滴滴，或许不尽完美，但我认真学习了，好好生活了，因此也并无遗憾。我感激一切发生的事情、遇见的人们，他们充实了我的生活，给了我一个更成熟的自我。凡是过往，皆为序章。我期待那个未知的将来，我未必会比此刻更无忧无虑，但我知道那将会是我自己选择的道路。

——信息与电子学院　李欣然

大学，这个词意味着青春和激情，包含着一种蓬勃向上的力量。对一个

大学 青春 人生

第五篇 德学思

人而言，大学四年也许是最珍贵的一段时间。也许很少有一段时间，能够像大学这样，包含了梦想、拼搏、自由、汗水、压力、迷茫这么多关键词。对于我来说，这四年交织着汗水、迷茫、不甘，还有梦想照进现实的喜悦。

——信息与电子学院 令狐雄坤

人生天地间，若白驹过隙，大学四年的时光转眼已经到达了尾声。回首过去这四年，是我人生至今最难忘的四年。在这四年的时光里面，我收获了不少喜悦与成功，同时也品尝了无数的伤心与失败，但是无论如何，这些宝贵的经历都使我从初进校园时的天真懵懂中获得了成长，让我看到了自己需要努力的方向，明白了自己承担的责任，确立了自己未来的规划。

——信息与电子学院 郑文彬

其实这四年的岁月静好真的只有在大学即将结束、即将迈进人生下一阶段的时候才能深刻体会。在路的尽头回望的时候，好像一切都加了柔光滤镜，一切经历、一切人物，都变得温柔而可爱，尤其是处在现在这样的对未来不确定的阶段。但是我也同样知道，即使我觉得现在自己遇到了不幸运的事情，它身后仍然还会有许多的幸运等待着我，在下一阶段结束以后，我仍然会觉得它会和我的大学四年一样静好。

——信息与电子学院 张添一

我向18岁的我挥手告别的时候，下一个人生路口的我也在默默注视着22岁向前飞奔的我，就像五月天的歌词里唱的那样："别回头就往前飞奔。"

——自动化学院 刘 路

四年前，在高中母校取回北理工录取通知书的那个少年，心中有梦，眼里有光，对自己未来四年的大学生活充满期待；而如今，四年后的他，在2020年这个特殊的毕业季，少了几分激情，多了几分不舍。

之前看过一个演讲，说可以用鲁迅先生的四本书来总结大学四年的状态：大一是《彷徨》，大二是《呐喊》，大三是《伤逝》，而大四是《朝花夕拾》。

这四个状态相信大家都会经历，只是停留的时间长短不同。

——自动化学院　柳　凯

  大学的时光匆匆又匆匆，带走了我们的青春，却留下了我们的欢声笑语，留下了我们成长的足迹。四年时间我成为一个敢于尝试的人，也成为一个有爱的人，但也随着不断成长意识到了许多自身的不足。我希望未来的自己能成为一个有带动能力的人，也希望未来的自己有着一往无前的勇气，有着做一件事就要做到最好的决心，最后希望自己学会关心周围的人，成为一个温暖的人。

  新的征程即将起航，我将收拾行囊，带着对未来的期许，努力成为更好的自己，迎接美好的明天。

——自动化学院　谢璐蕖

  人的一生中最美好的一段时间是什么时候呢？相信有很多人会回答是在大学时代，是在青春时代。四年之前的一张录取通知书，将我青春的四年时间与北京理工大学联系在了一起。在过去的四年中，我经历了各种各样的成功与挫折，体会了各种各样的快乐与辛酸。眨眼间，我已经接近毕业，四年的时间如弹指一挥间过去，入学仿佛还在昨天。然而，我确实留下了度过这四年的证据。如今的我已经与刚踏入校园时的青涩的我截然不同，除了知识的增长，我在许多方面都有了很大的成长，而这与我大学四年间一点一滴的经历是分不开的，而这些经历也将在未来继续帮助我成长。

——自动化学院　张庆祥

  在大学生活即将谢幕之时，很感谢那些陪我一起走过的人们，老师、同学和朋友们，对自己的母校说声"谢谢"。想到一段话，来描述这毕业之际的感受最为贴切："经历的不必都记起，过去的不会都忘记。有些往事，有些回忆，成全了我，也陶冶了你。相知相爱，不再犹豫，让真诚常驻在我们心底！"再见北理工，也许不久的将来，我会回来的！

——自动化学院　张汝健

路漫漫其修远兮，吾将上下而求索。在未来的研究生生涯中，我将更加勤奋努力地学习工作，保持对知识的好奇和求知欲，协调好课业、科研、生活间的矛盾，真诚待人，努力干事，不辜负老师家长们的期望，为实现国家富强、民族复兴、人民幸福添砖加瓦！

——自动化学院　郑　豪

　　毕业前的这些日子，时间过得好像流沙。突然觉得，四年的同窗、身边的朋友，比想象中要和善、可爱得多。星光下的夜晚，每一个都温柔如风。一幕幕的场景就像一张张绚烂的剪贴画，串联成一部即将谢幕的电影，播放着我们的快乐和忧伤，记录着我们的青春和过往，也见证着我们的友谊和爱。

——计算机学院　李文煜

　　四载光阴，白驹过隙。怀揣着赭红的录取通知书和对未来的憧憬来到北京，从首都机场一路南下，乘着房山线地铁抵达良乡大学城北，第一次亲眼见到良乡的校门，拿到印着自己照片的绿色一卡通，住进静园C的425宿舍，认识来自不同地方有着不同经历的同学，正式开始大学生活……四年前的一切都历历在目，就如同发生在昨天。

——计算机学院　马　驰

　　远去的飞鸟，永恒的牵挂是故林；漂泊的船儿，始终的惦记是港湾；奔波的学子，无论是飘洋过海还是身陷工作，心中千丝万缕、时时惦念的地方，还是以知识哺育我们的母校。在漫长的生涯旅途中，必将有喜有悲，有苦有乐，我们也必将尝到人生的酸甜苦辣，遇到无数的艰难和险阻。我相信大学四年的求学生涯必将成为我们整个人生中最为坚实的思想壁垒，让我们不会轻易被生活所击败，激励着我们在复杂社会中摸索前行。

——计算机学院　曹永昌

　　"敢于追梦、勤于圆梦、胸怀天下、软件报国，把个人梦想融入中国梦，把个人生涯融入社会发展。"四年前本科开学典礼上，学院领导鼓励我们每一位新生要勇做"软件报国"的追梦人,一颗"软件报国"的梦想种子,在我这个走出大山第一次看到外面的新生心中开始生根发芽。在即将结束本科学习生活的毕业时刻,回首这转瞬即逝的四年时光,我可以自豪地说,在本科四年的学习生活中,我不忘初心、砥砺前行,一直奔跑在追梦路上,追寻并实现着我心所向往的"软件报国"之梦。

——计算机学院　刘镓煜

人生中那段疯狂的岁月已经结束了,我们不带脂粉地以自己最真实的面貌围坐在一起,谈论着所有我们有可能拥有的相通之处。多年后,在记忆的美化和加工下,我们回想起的会是比现实还要美好千万倍的岁月。这时,我们只能一脸憧憬地望着远方,小声地说一句:"请告诉我什么时候能来看你。"

——计算机学院　姚昕怡

迈出校门,汇入人海,我们将是亿万种不同的色彩。我们中的一些人会成为行星,默默地在自己人生轨道运行;而一些人可能成为恒星,燃烧着无限的热情和青春,奉献国家和人民。小才能者小贡献,大才能者系国家,但无论是前者还是后者,都是不可或缺的存在。

——材料学院　李一凡

高中,我给自己写了一句话:"不狂不放不青春。"大学,我也给自己写了一句话:"像小草一样坚韧,天真而不失幻想。"现在,我还想给自己写一句话:"余生漫长,一生浪漫。"后来我终于明白了,有些圆满结局不是相守一生,而是在我最喜欢你的时候,陪你度过你的一段人生。

——材料学院　任杰灵

如今的2020年注定是不平凡的一年:全面建成小康社会的收官之年、"十三五"规划的收官之年,脱贫攻坚的决胜之年,以及彻底改变世界的新冠疫情。在这个特殊的时刻,我们怀着特殊的使命,即将走出母校,走向社会，迎接我们的将是前所未有的挑战与机遇。四年时间，我们成长了许多，对自我、人生、世界有了更深的理解，解决了自我发展的许多问题，同时也有了新的困惑。人生的旅途还有很长一段路，我们的青春与未来才刚刚开始。

多年以后，面对校门立石，希望我还能想起第一次来到良乡的那个遥远的下午，以及那天的激动的笑容。

——化学与化工学院　谢克兢

未来就像天空中一朵飘忽不定的云彩，而我们，从毕业这一天起，便开始了漫长的追逐云彩的旅程。明天是美好的，旅途却可能是崎岖的，但无论如何，我们都有一份弥足珍贵的回忆，一种割舍不掉的友情，一段终生难忘的经历。

——数学与统计学院　代世旺

时不我待，两年已过，坚持的还是要继续坚持，摒弃的坏习惯绝不能再次拾起，想要什么想去哪里心已有数，"行百里者半九十"，踏踏实实学好自己喜欢的东西，成为自己想成为的人。前路未知亦是挑战，前事不忘方得始终！未来，我在等待，用我的双手去创造。

——数学与统计学院　江曦琴

世界最高峰——珠穆朗玛峰如今早已不再是人们不可逾越的高度，来自世界各国的攀登者们已经开辟了多达19条登山路线，连起珠峰的每条山脊、每条沟渠。然而，只有俯瞰那些曲折绕行的路径，鼓吹人类伟力的骄傲者们才会冷静下来，明白上行的路途并不是一往直前、所向睥睨的征服，而是充满着取舍、盘桓、绕路而行的求索。登山大道实为绕山曲径，所谓成功也不过是战胜曾失败的自己。

——数学与统计学院　周宇琦

回首大学四年，真的好似一场梦，有时候我甚至怀疑过去的事情真实存在还是仅仅是我臆想出来的一场幻境，也许梦醒，我又会回到之前的某一个时刻。但是即便是梦,梦中的时光也在流逝,我们必须向前驱策。

——物理学院　张　岚

青春是苦涩的,也是甜美的;是热烈的,也是清冽的。从 17 岁到 21 岁,经过花样年华,一些被磨平,一些变锋利。当年懵懂的背着行囊站在校门前的我,如今再次仰望"北京理工大学",仿佛能回到初心的知足与内心的充盈时刻。唱响一支青春的礼赞,为我的青葱岁月画上圆满的句号。

——人文与社会科学学院　过思舟

世界很大,我很渺小。我发现这套逻辑适用于所有的事情时,世界逐渐缩小在我的眼前,所有的一切渐渐清晰、渐渐有了条理,而我也在自己所学的专业经济学的熏陶下逐渐理性。认知世界,是一个延续的有意义的话题,我会不停地在自己每一个不一样的阶段,找到答案,找到想要成为的自己。

——人文与社会科学学院　江海霞

"识能润泽,学贯寰宇",这是我根据自己的姓名写下的对自己的勉励。"乱花渐欲迷人眼",很多人在人生路上会被各种事物所迷惑,而"靡不有初,鲜克有终"。"传文道,守遗珍",简简单单六个字,背后却是一份坚定的守望。这份守望,一直是我坚持的信念,也是几年来我身体力行所做到的事情,更是我未来学习、生活的方向与道路。在我的信念里,那扇回溯历史、守望遗产的大门,正缓缓敞开。以美学和历史守望遗产的尊严之路上,我,在前行。

——设计与艺术学院　田泽宇

"我还是曾经那个少年,没有一丝丝改变。"无论这四年经历了什么,懂得了什么,我相信我还保持着刚进校门时的热情,面对大学之后的学习与生活,不会改变。时光,用它的姿态流逝着,像从指间流过的细沙,在不经意间滑落;像从针尖滴下的水滴,没有声音,也没有影子。有些人,有些事,注定成为记忆中最温暖的一幕;青涩、信仰、抱负,青春在记忆深处历久弥新。

——设计与艺术学院　钟智楠

北理工是指路明灯，一直会在我们未来的道路上，照亮你我的前程，祝福同学们前程似锦——祝福你，祝福我，都有一个光明的未来。

从北理工走出的诗意少年——熊以可，带着母校的爱，在温暖的目光中，坚定地走向远方！

——外国语学院　熊以可